NAPOLÉON III EN ITALIE

PARIS

IMPRIMERIE DE L. TINTERLIN ET Cᵉ

rue Neuve-des-Bons-Enfants, 3

NAPOLÉON III

EN ITALIE

DEUX MOIS DE CAMPAGNE

MONTEBELLO — PALESTRO — TURBIGO
MAGENTA — MARIGNAN
SOLFERINO — VILLAFRANCA

PAR

JULES RICHARD

PARIS
FERD. SARTORIUS, ÉDITEUR
9, RUE MAZARINE, 9

—

1859

NAPOLÉON III EN ITALIE

Le 3 mai 1859, l'empereur Napoléon III, en annonçant au peuple français qu'il allait prendre le commandement de son armée d'Italie, avait dit : « Le but de cette guerre est de rendre l'Italie à elle-même et non de la faire changer de maître, et nous aurons à nos frontières un peuple ami qui nous devra son indépendance. »

D'un autre côté, le 28 avril précédent, l'empereur François-Joseph, en envoyant à ses peuples, lui, leur capitaine, son salut de guerre, avait défini de la manière suivante les raisons qui lui faisaient tirer l'épée : « La couronne que mes ayeux m'ont transmise sans

tache a eu déjà de bien mauvais jours à traverser; mais la glorieuse histoire de notre
patrie prouve que souvent, lorsque les ombres
d'une révolution qui met en péril les biens les
plus précieux de l'humanité, menaçaient de
s'étendre sur l'Europe, la Providence s'est
servie de l'épée de l'Autriche, dont les éclairs
ont dissipé ces ombres. »

Ainsi donc, la question était clairement po-
sée : d'un côté, au nom de l'humanité, si souvent sacrifiée, l'éternelle oppression des nationalités italiennes par l'ambition de la
maison d'Autriche : de l'autre, la protection
du faible et la défense de la cause sainte de
l'indépendance des peuples par la France et
le digne héritier du nom et du génie du
vainqueur d'Arcole et de Marengo.

Si, au début de ce récit purement militaire,
où ne doivent point figurer les questions politiques et diplomatiques, nous avons rappelé
les paroles des deux souverains belligérants,
c'est pour prouver que cette fois encore la
Providence, si orgueilleusement invoquée par
l'Empereur d'Autriche, s'est montrée favorable
à la justice et au bon droit.

I.

DÉPART DE L'EMPEREUR.

Paris, 10 *mai.* — Après avoir pourvu par différents décrets à l'administration intérieure de l'Empire, Napoléon III, confiant l'impératrice et son fils à la valeur de l'armée, au patriotisme de la garde nationale, enfin à l'amour et au dévouement de la nation tout entière, jugea que le moment était enfin arrivé de prendre lui-même la direction de son armée d'Italie. Le 10 mai, à cinq heures du soir, le conseil privé et le conseil des ministres furent convoqués au palais des Tuileries. Revêtu de la petite tenue de général de division, ses derniers ordres ayant été donnés aux grands dignitaires de l'État, l'Empereur monta à cinq heures et demie dans une calèche découverte, S. M. l'impératrice prit place à côté de lui. Le lieutenant-colonel comte Reille, aide de camp de service, accompagnait LL. MM. Plusieurs voitures de la cour étaient remplies par les officiers de la maison militaire de l'Empereur qui devaient le suivre à l'armée. Le cortége, précédé seulement de quelques cavaliers de l'escadron des cent-gardes, passa par les rues de Rivoli, Saint-Antoine, la place de la Bastille et la rue de Lyon : il arriva à six heures et quart à la gare du chemin de fer de Paris à la Méditerranée.

Nous omettons à dessein les préparatifs officiels faits au débarcadère, pour ne nous occuper ici que de l'enthousiasme populaire qui saluait LL. MM. le long de la route. Là est le véritable caractère de cette mémorable journée et qui dut prouver aux représentants des cours étrangères à Paris, que le patriotisme des volontaires de 1792 et des conscrits de 1813, vibre encore dans le cœur des Français de 1859.

Bien que ce fût un mardi, jour où les ateliers ne chôment jamais, tous les ouvriers, sans exception, avaient déserté le travail pour venir acclamer « leur Empereur.» Les cris chaleu-

reux poussés par une foule compacte dans la
rue de Rivoli, devinrent plus sympathiques encore dans la rue Saint-Antoine. A la place de la
Bastille, ils se changèrent en délire, et lorsque
la voiture impériale s'engagea dans la rue de
Lyon, les chevaux, bien que marchant au
pas, étaient souvent arrêtés par les flots popu-
laires. Des travailleurs aux mains robustes
voulaient dételer la calèche et la traîner à
bras ; d'autres s'approchaient le plus possible
pour toucher la main ou les vêtements de leur
souverain. L'empereur, debout dans sa voiture, les yeux pleins d'une émotion qu'il ne
cherchait pas à maîtriser, fit plusieurs fois
signe qu'il voulait parler : mais, à chaque
instant les cris redoublaient, et S. M. put
être convaincue ce jour-là qu'un grand peuple
peut, en une seule heure, payer sa dette de
reconnaissance à celui qui s'est dévoué à son
bonheur et à sa gloire, et que, comme l'a dit
un écrivain politique avec une justesse aussi
concise que brillante, il est le *Louis XIV de
la démocratie* (1).

(1) *L'Empire et la Démocratie*, par Hippolyte Castille. Plon,
1858.

Marseille, 11 *mai*. — Le lendemain, à onze heures cinquante minutes, l'Empereur arrivait à Marseille. Il ne faisait que traverser la ville au milieu des clameurs d'une ovation épique comme savent seules en improviser les populations du midi, et le jour même il s'embarquait sur le yacht impérial la *Reine-Hortense*.

Gênes, 12 *mai*. — « A deux heures de l'après midi, dit le *Moniteur*, l'Empereur des Français est entré dans le port de Gênes.... Lorsque le navire s'arrêta, S. M., accompagnée de S. A. I. le prince Napoléon, de S. A. R. le prince de Savoie-Carignan et de M. le comte de Cavour, qui étaient venus à sa rencontre en mer, descendit dans un canot richement pavoisé aux couleurs françaises et sardes, et s'avança ainsi lentement au milieu des barques qui couvraient le port. Les chapeaux et les mouchoirs s'agitaient sur le passage de l'Empereur, les bouquets et les fleurs pleuvaient autour de son canot, et aux cris enthousiastes de : *Vive l'Empereur! Vive l'Italie!* il mit le pied sur le sol italien. »

Son premier soin fut d'adresser à l'armée

d'Italie un ordre du jour où, après avoir rappelé aux soldats les batailles de Mondovi, Marengo, Lodi, Castiglione, Arcole et Rivoli, étapes de gloire à travers lesquelles ils vont marcher comme au milieu d'une nouvelle voie sacrée, il leur recommande l'observation de la discipline et les engage à demeurer compacts : « Défiez-vous d'un trop grand élan, leur dit-il, c'est la seule chose que je redoute. »

Puis il ajoute ces paroles prophétiques que dans vingt siècles on pourra croire écrites après coup, tant elles caractérisent nettement la qualité suprême qui fixa la victoire dans nos rangs sur les champs de bataille de Montebello, de Palestro, de Magenta, de Melegnano et de Solferino :

« Les nouvelles armes de précision ne sont
« dangereuses que de loin ; elles n'empêche-
« ront pas la baïonnette d'être, comme autre-
« fois, l'arme terrible de l'infanterie fran-
« çaise. »

La composition de l'armée à laquelle s'adressait cet ordre du jour, avait été déterminée de la manière suivante par une décision impériale du 21 avril 1859.

ÉTAT-MAJOR GÉNÉRAL. — *Major général,* S. Exc. le maréchal Vaillant (1). — *Aide-major général,* le général de division de Martimprey (Edmond-Charles). — *Intendant général,* l'intendant général inspecteur Paris de Bolardière. — *Grand-prévôt,* le colonel de gendarmerie Dalché-Desplanels. — *Médecin en chef,* le médecin inspecteur baron H. Larrey. — *Aumônier supérieur,* M. l'abbé G. Stalter, chanoine titulaire d'Alger. — *Payeur général,* M. Budin.

Commandant en chef l'artillerie, M. le général de division Lebœuf. — *Chef d'état-major,* M. le général de brigade Mazure. — *Directeur général des Parcs,* M. le général de brigade Borgella.

Commandant en chef le génie, M. le général de division Frossard. — *Chef d'état-major,* M. le général Lebretevillois.

1ᵉʳ CORPS. — *Commandant en chef,* S. E. le maréchal comte Baraguey-d'Hilliers.—*Chef d'état-major,* le général de brigade Foltz (2). — *Intendant,* M. Requier. — *Commandant l'artillerie,* M. le général de brigade Forgeot. — *Commandant le génie,* M. le général de brigade Bouteilloux. — *Médecin en chef,* M. Champouillon.

1ʳᵉ *division.* Général de division Forey. — 1ʳᵉ *brigade :* général Beuret, 17ᵉ bataillon de chasseurs, 74ᵉ et 84ᵉ de ligne. — 2ᵉ *brigade :* général Blanchard, 91ᵉ et 98ᵉ de ligne.

2ᵉ *division.* Général de division Ladmirault. — 1ʳᵉ *brigade :*

(1) S. Exc. le maréchal comte Randon, nommé d'abord à cet emploi, ayant été appelé au ministère de la guerre.

(2) Quelques jours après, M. Foltz ayant été nommé général de division, a été remplacé par le colonel d'état-major Anselme.

général Niol, 10ᵉ bataillon de chasseurs, 15ᵉ et 21ᵉ de ligne. — 2ᵉ *brigade* : général Négrier, 61ᵉ et 100ᵉ de ligne.

3ᵉ *division*. Général de division Bazaine. — 1ʳᵉ *brigade* : général Goze, 1ᵉʳ de zouaves, 33ᵉ et 34ᵉ de ligne. — 2ᵉ *brigade* : général Dumont, 37ᵉ et 78ᵉ de ligne.

Division de cavalerie. Général de division Desvaux.—1ʳᵉ *brigade* : général Genestet de Planhol, 5ᵉ hussards et 1ᵉʳ chasseurs d'Afrique. — 2ᵉ *brigade* : général de Forton, 2ᵉ et 3ᵉ chasseurs d'Afrique.

2ᵉ CORPS. — *Commandant en chef*, M. le général de division comte de Mac-Mahon. — *Chef d'état-major*, M. le général de brigade Lebrun. — *Intendant*, M. Wolf. — *Commandant l'artillerie*, M. le général de brigade Auger. — *Commandant le génie*, M. le colonel Le Baron. — *Médecin en chef*, M. Boudin.

1ʳᵉ *division*. M. le général de division de La Motterouge.—1ʳᵉ *brigade* : le général Lefèvre, régiment provisoire de tirailleurs algériens, 45ᵉ et 65ᵉ de ligne. — 2ᵉ *brigade* : le général de Bonnet Maureilhan Polhès, 70ᵉ et 71ᵉ de ligne.

2ᵉ *division*. — M. le général de division Espinasse. — 1ʳᵉ *brigade* : M. le général Gault, 11ᵉ bataillon de chasseurs, 2ᵉ de zouaves, 72ᵉ de ligne. — 2ᵉ *brigade* : M. le général de Castagny, 1ᵉʳ et 2ᵉ régiments étrangers.

Cavalerie. — M. le général de brigade Gaudain de Villaine, 4ᵉ et 7ᵉ chasseurs à cheval.

3ᵉ CORPS. — *Commandant en chef*, S. Exc. le maréchal Certain-Canrobert. — *Chef d'état-major*, M. le colonel de Senneville. — *Intendant*, M. Mallarmé. — *Commandant l'artillerie*, M. le général de brigade Courtois-Roussel d'Urbal.— *Commandant le génie* : M. le général de brigade Chauchard. — *Médecin en chef*, M. Salleron. — *Grand-prévôt*, M. le chef d'escadron de gendarmerie vicomte Arnaud de Saint-Sauveur.

1ʳᵉ *division*. M. le général de division Renault. — 1ʳᵉ *brigade* : M. le général Janin, 8ᵉ bataillon de chasseurs, 23ᵉ et

41e de ligne. — 2e *brigade* : M. le général Picard, 56e et 90e de ligne.

2e *division*. M. le général de division Bouat (1). — 1re *brigade* : M. le général Bataille, 19e bataillon de chasseurs, 43e et 44e de ligne. — 2e *brigade* : M. le général Collineau, 64e et 88e de ligne.

3e *division*. M. le général de division Bourbaki. — 1re *brigade* : M. le général Vergé, 18e bataillon de chasseurs, 11e et 14e de ligne. — 2e *brigade* : M. le général Ducrot, 46e et 59e de ligne.

Division de cavalerie. — M. le général de division comte Partouneaux. — 1re *brigade* : général de Clérambault, 1er et 4e lanciers. — 2e *brigade* : général Dalmas : 2e et 8e hussards.

4e CORPS.—*Commandant en chef*, M. le général de division Niel, aide de camp de l'Empereur. — *Chef d'état-major*, M. le colonel Espivent de la Ville-Boisnet. — *Intendant*, M. Lebrun. — *Commandant l'artillerie*, M. le général de brigade Soleille. — *Commandant le génie*, M. le colonel Jourjon. — *Médecin en chef*, M. Fenin.

1re *division*. M. le général de division de Luzy-Pelissac.— 1re *brigade* : M. le général Douay, 5e bataillon de chasseurs, 30e et 49e de ligne.—2e *brigade* : M. le général Lenoble, 6e et 8e de ligne.

2e *division*, M. le général de division de Failly. — 1re *brigade* : M. le général O'Farrel, 15e bataillon de chasseurs, 2e et 53e de ligne. — 2e *brigade* : M. le général Saurin, 55e et 76e de ligne.

3e *division*. M. le général de division Vinoy.—1re *brigade* : M. le général de Martimprey (Ange-Auguste), 6e bataillon de chasseurs, 52e et 73e de ligne. — 2e *brigade* : M. le général Ladreytt de la Charrière, 85e et 86e de ligne.

(1) Mort à Suze et remplacé par M. le général Trochu.

Cavalerie. — M. le général de brigade baron de Richepance, 2ᵉ et 10ᵉ chasseurs à cheval.

5ᵉ Corps. — *Commandant en chef,* S. A. I. le prince Napoléon. — *Chef d'état-major,* général de brigade de Beaufort d'Hautpoul. — *Sous-chef d'état-major,* le colonel Henry. — *Commandant l'artillerie,* M. le général de brigade de Fiéreck. — *Commandant le génie,* M. le général de brigade de Coffinières.

1ʳᵉ *division.* M. le général de division d'Autemarre-d'Ervillé. — 1ʳᵉ *brigade :* général Neigre , 3ᵉ zouaves, 75ᵉ et 89ᵉ de ligne. — 2ᵉ *brigade :* général Corréard, 93ᵉ et 99ᵉ de ligne.

2ᵉ *division.* M. le général de division Uhrich. — 1ʳᵉ *brigade :* général Grandchamp, 14ᵉ bataillon de chasseurs, 18ᵉ et 26 de ligne. — 2ᵉ *brigade :* général Cauvin du Bourguet, 80ᵉ et 82ᵉ de ligne.

Cavalerie. — M. le général de brigade de Lapérouse, 6ᵉ et 8ᵉ chasseurs.

Garde Impériale. Commandant en chef, M. le général comte Regnaud de Saint-Jean-d'Angély. — *Chef d'état-major;* M. le colonel Raoult. — *Commandant l'artillerie,* général de brigade de Sevelinges.

1ʳᵉ *division.* Général de division Mellinet. — 1ʳᵉ *brigade :* M. le général Cler, zouaves et 1ᵉʳ grenadiers. — 2ᵉ *brigade :* M. le général Wimpfen, 2ᵉ et 3ᵉ grenadiers.

2ᵉ *division.* M. le général de division Camou. — 1ʳᵉ *brigade :* M. le général Manèque, bataillon de chasseurs, 1ᵉʳ et 2ᵉ voltigeurs. — 2ᵉ *brigade :* M. le général Decaen, 3ᵉ et 4ᵉ voltigeurs.

Division de cavalerie. M. le général de division Morris. — 1ʳᵉ *brigade :* M. le général baron Marion, 1ᵉʳ et 2ᵉ cuirassiers. — 2ᵉ *brigade :* M. le général Dupuch de Feletz, dragons et lanciers. — 3ᵉ *brigade :* M. le général de Cassaignolles, guides et chasseurs.

La plus grande attention avait présidé au choix des éléments de cette nombreuse armée. Tous les généraux, que nous venons de nommer, sont connus des troupes par les services qu'ils ont rendus au milieu d'elles tant en Afrique qu'en Crimée. Quant aux soldats, ils sont tous pour la plupart éprouvés par de nombreuses campagnes. En effet, outre les zouaves, les turcos et la légion étrangère, qui font un service permanent en Algérie, on avait appelé de notre colonie militaire, pour les incorporer dans l'armée d'Italie, treize régiments d'infanterie de ligne (23e, 41e, 45e, 56e, 65e, 70e, 71e, 72e, 75e, 89e, 90e, 93e, 99e); vingt-trois des régiments d'infanterie nommés plus haut ont fait la campagne de Crimée.

La garde impériale, qui se recrute parmi les meilleurs soldats, compte donc en dehors de ses propres campagnes en Crimée, toutes celles de l'armée.

La cavalerie avait été choisie parmi les régiments d'Afrique (5e hussards , 4e et 7e chasseurs).

La force des bataillons (à six compagnies) était, au moment du départ :

Pour la garde : voltigeurs 600 hommes, grenadiers 500 hommes.

Pour la ligne : régiments d'Afrique 700 hommes, régiments venant de France 550 hommes.

Pour les chasseurs à pied (à huit compagnies) de 800 hommes.

Les escadrons étaient uniformément formés à 125 chevaux.

Ce qui donne l'effectif suivant :

INFANTERIE.

Armée de ligne.

10 bataillons de chasseurs.	8,000
19 régiments (ligne, zouaves, etc.) venant d'Afrique.	39,900
36 régiments venant de France.	59,400

Garde impériale.

1 bataillon de chasseurs (800 h.)	
2 — de zouaves (1,200).	
9 — de grenadiers (4,500).	
12 — de voltigeurs (7,200)	
Total.	12,700
Total général.	120,000

CAVALERIE.

20 régiments à 4 escadrons de 125 chevaux.	10,000

2.

ARTILLERIE.

Batteries divisionnaires.

26 montées.

4 à cheval.

Batteries des réserves.

14 montées.

10 à cheval.

54 batteries (324 pièces).

9,000 chevaux ;   hommes, 7500.

GÉNIE.

18 compagnies.   2,100

400 chevaux.

Récapitulation, sans compter les troupes d'administration (train des équipages, service des ambulances, des vivres, etc., etc.), la gendarmerie, les grandes réserves de l'artillerie et du génie pour les siéges :

	hommes.	chevaux.
Infanterie,	120,000	»
Cavalerie,	10,000	10,000
Artillerie,	7,500	9,000
Génie,	2,100	400
	139,600	19,400

Cette armée, déjà formidable, devait bientôt recevoir de 30 à 35,000 hommes de renfort, par suite du rappel sous les drapeaux des soldats en congé renouvelable, que l'on avait l'ordre de diriger des dépôts sur les bataillons de guerre, dès qu'ils auraient reçu leur armement et leur équipement.

Quant à l'armée sarde, son effectif, disponible pour la lutte, n'a jamais dépassé 48,000 hommes. Nous en donnons immédiatement la composition, pour n'avoir pas à revenir sur ces énumérations de régiments :

Commandant en chef : S. M. le roi de Sardaigne.

Chef d'état-major général : le lieutenant-général Morozzo della Rocca.

Commandant de l'artillerie : major-général Pastore.

Commandant du génie : major-général Menabria.

Intendant-général : colonel d'artillerie Alexandre Della Rovere.

1re *division* (dite de la réserve). — Lieutenant-général Castelborgos. Brigade des grenadiers de Sardaigne, 1er et 2e régiments ; brigade de Savoie, 1er et 2e de ligne.

AILE DROITE.

Commandant : général d'armée, Alphonse de la Marmora.

2e *division*. — Lieutenant-général Manfred Fanti. Brigade de Piémont, 3e et 4e de ligne ; brigade d'Aoste, 5e et 6e de ligne.

3e *division*. — Lieutenant-général Jean Durando. Brigade Coni, 7e et 8e de ligne ; brigade de la Reine, 9e et 10e de ligne.

AILE GAUCHE.

Commandant : lieutenant-général Hector Gerbaix de Sonnars.

4e *division*. — Major-général Cucchiari. Brigade de Casale, 11e et 12e de ligne ; brigade de Pignerol, 13e et 14e de ligne.

5e *division*. — Major-général Cialdini. Brigade de Savone, 15e et 16e de ligne ; brigade d'Acqui, 17e et 18e de ligne.

La réserve de la cavalerie est placée sous les ordres du général Berton de Sambay.

Chaque division d'infanterie à laquelle est attachée, comme dans nos divisions françaises, un bataillon de bersaglieri, deux batteries d'artillerie et une compagnie du génie, comprend, en outre, deux escadrons de cavalerie.

Cependant, l'empereur d'Autriche, en donnant le commandement en chef de ses armées dans la Lombardie, au général Giulay, avait mis à sa disposition les moyens de prendre une vigoureuse offensive, et nous verrons plus tard, sur le champ de bataille de Solferino, le comte Schlick mettre en ligne huit corps d'armée, tout en conservant de fortes réserves à Mantoue et une armée d'observation dans les marches du Tyrol ; ce qui suppose 360 à 370,000 hommes groupés depuis Roveredo jusqu'à Mantoue, sans compter les garnisons du territoire vénète.

Alexandrie, 13 *mai*. — Le 13 mai, à six

heures du matin, le roi Victor-Emmanuel, venu de son quartier général, avait une première entrevue avec l'empereur Napoléon III. Impatient de se mettre en communication directe avec ses soldats, l'Empereur partit le soir même pour Alexandrie.

Les troupes françaises arrivaient chaque jour par quatre voies différentes. — Chambéry, St-Jean de Maurienne et le mont Cenis. — Briançon et le Mont Genèvre, — Nice et le bord de la mer. Déjà tous les états-majors étaient au complet, et le besoin de la présence d'un chef imprimant une direction ferme et unique se faisait sentir.

L'armée autrichienne, après avoir traversé le Tessin à Abbiategrasso, à Trecate et à Boffarola, s'était étendue par sa droite de Novare jusqu'à Ivrée, poussant ses reconnaissances vers Turin et Chivasso, menaçant ainsi directement Turin. Sa gauche, fortement établie à Plaisance, rejoignait Novare par Stradella, Casteggio, Mede et Mortara, et, bien qu'elle eût échoué les 3 et 4 mai dans une tentative de franchissement de vive force du Pô à Frassinetto et à Valenza, ses occupations sérieuses du territoire piémontais et l'extension de ses lignes du côté de Reggio, exigeaient que la résistance fût rapidement et sérieusement organisée.

Etranges et mystérieux décrets de la Providence qui, à un demi-siècle de distance, renouent les anneaux brisés d'une dynastie et mettent dans la main du descendant de Napoléon Ier, l'épée de la France qui doit affranchir encore une fois l'Italie! Napoléon III est le seul qui pût commander l'armée française et le seul qui fût certain de la conduire à la victoire. En laissant de côté l'opinion du général Dufour, une autorité en semblable matière, sur les talents militaires, aujourd'hui aussi incontestables qu'incontestés, de l'empereur Napoléon III, des considérations nombreuses lui assuraient la confiance de l'armée et du pays. Sa maturité de conception et sa promptitude d'exécution, ses convictions autoritaires, son impénétrable secret et son admirable patience dans l'élaboration de ses projets, sa volonté inébranlable de les mener à fin lorsqu'il les juge bons et sa facilité à les réformer lorsqu'il les reconnaît défectueux, sont des qualités essentielles que réunissent bien peu de généraux d'armée.

D'ailleurs, le roi de Sardaigne commandait une armée parallèle à la nôtre et ne pouvait se conformer sur un champ de bataille qu'aux ordres d'un souverain. Un simple maréchal commandant à 200,000 hommes, aurait-il eu l'initiative et le sentiment de sa responsabilité assez énergiques pour conserver la liberté d'esprit et d'allure si nécessaires à un chef ? Nous nous souvenons que les empêchements qui assaillirent en Crimée l'honorable maréchal Canrobert et le poussèrent à se démettre de son commandement, ne venaient pas tous de lord Raglan, et que l'illustre maréchal Pélissier, qui lui succéda, ne dut la réussite de ses desseins qu'à son indomptable volonté et au sentiment profond qui l'animait, que lui, chef responsable, était seul juge des voies et moyens à employer. Il n'était donc pas possible de diriger la campagne de Paris : l'histoire a prouvé que les comités directeurs sont de tristes auxiliaires, et je ne sais plus quel général disait assez plaisamment : que le moindre défaut du général télégraphe était d'être trop éloigné du champ de bataille.

L'Empereur, en quittant Paris, avait compté sur le patriotisme de la France, et nous voyons par l'extrait suivant du *Times* du 9 juillet, qu'à l'étranger on commence à comprendre que, lorsqu'il s'agit d'ordre à l'intérieur et de gloire au dehors, le cœur de la France et celui de Napoléon III battent à l'unisson :

« L'Italie a répondu à son appel avec enthousiasme ; l'état sanitaire de son armée est satisfaisant, la fièvre n'a pas encore décimé ses rangs, Paris est tranquille, la France obéit à l'impératrice avec autant d'amour que jadis elle obéissait à Joséphine et à Marie-Louise, et le peuple semble porter le fardeau de la guerre avec une facilité que nous autres Anglais ne surpassons pas nous-mêmes. »

Bien que l'accueil enthousiaste fait par tout le Piémont à nos troupes se traduisît par des acclamations sans fin et des pluies de fleurs, et qu'une large hospitalité fût offerte aux défenseurs de l'indépendance italienne, l'Empereur reconnut bien vite qu'il fallait donner à nos opérations une base administrative de ravitaillement. Gênes, nouveau Kamiesch, fut

choisie par S. M. qui la plaça sous le commandement du général de division Herbillon, qui
resta, en qualité de commandant de la place,
chargé de la direction des grands dépôts et
de la centralisation des services adminis-
tratifs, comme l'avait été, en 1855 et 1856, le
général de division Larchey, à Constanti-
nople : des hôpitaux furent établis, et S. M.,
s'occupant de tout ce qui pouvait être utile au
soldat, régla définitivement ce qu'il devait
emporter avec lui dans sa marche, en dimi-
nuant, autant que possible, le poids de sa
charge, sans pour cela lui retirer aucun des
objets de campement ou d'habillement strictement nécessaires. Il fut décidé, en outre,
que les officiers laisseraient leurs tentes en
arrière et ne se muniraient que d'un bagage
léger et peu volumineux.

Tous ces détails ont leur importance à la
guerre et prouvaient que l'Empereur voulait
donner à ses troupes la plus grande mobilité
possible et mener rondement la campagne. Il
étudia aussi les places sur lesquelles s'appuyait la défense de l'armée du roi Victor-
Emmanuel, et ce ne fut qu'après ces recon-

naissances préalables qu'il assigna son poste à chacun de ses lieutenants.

Les différents corps d'armée français furent promptement massés sur la rive droite du Pô. Le maréchal Baraguey d'Hilliers tenait la droite de la ligne, son quartier général établi à Voghera, puis successivement les autres corps et en arrière, à Alexandrie, la garde impériale auprès du grand quartier général de l'Empereur. Du 13 au 20 mai, les Autrichiens, désorientés par la présence sur tous les points de leurs attaques, de nombreux contingents français ou piémontais, se contentèrent de tâter nos lignes. Évidemment, le feldzeugmeister Giulay ne comptait plus sur une victoire facile et aisée : il sent que son occupation du territoire piémontais n'est qu'éphémère, aussi ses réquisitions ne ménagent rien, et il semble qu'il veut systématiquement ruiner le pays qu'il doit bientôt nous abandonner : les soldats autrichiens eux-mêmes ne paraissent pas avoir une grande confiance dans la capacité de leurs chefs, pas plus que ces derniers n'en ont dans leur valeur. Des prisonniers ont, en effet, raconté que les officiers, pour contre-

balancer le découragement de leurs troupes à
la nouvelle de l'arrivée des Français, avaient
répandu le bruit que les Sardes se couvraient
de nos uniformes et que nous n'avions nulle-
ment l'intention d'intervenir. Quelle diffé-
rence avec nos braves petits soldats qui partent
pour la guerre en rêvant la victoire. A Saint-
Jean-de-Maurienne, un jeune fusilier causait
avec animation avec ses camarades , tout à
coup il s'interrompt pour venir à son sergent-
major : « Sans discrétion, dit-il, faites excuse,
major, qu'on pourrait savoir où qu'aura lieu
la première victoire ? — A Marengo, répond
sans hésiter le sous-officier. — Suffit, major. »
Et voilà mon troupier content, qui va rejoindre
ses camarades et leur donner ce renseigne-
ment dont ils paraissent complétement satis-
faits. C'est qu'il n'y a rien d'invraisemblable
dans la réponse du sergent-major, et qu'à une
demande analogue d'un Croate ou d'un Tyro-
lien, un cadet autrichien pourrait bien rester
court.

MONTEBELLO (27 *mai*). En arrivant le 6
mai à Gavi, sur la route de Gênes à Alexandrie, à une courte distance de Novi, le général

Forey avait adressé à la 1re division du 1er corps, l'ordre suivant : « Nous allons nous trouver demain en première ligne, et il est probable que nous aurons l'honneur des premiers engagements avec l'ennemi. Rappelez-vous que nos pères ont toujours battu cet ennemi ; et vous ferez comme eux. » En effet, les avant-postes des armées belligérantes étaient en vue les uns des autres. Refoulés sur leur droite, les Autrichiens abandonnaient Verceil, immédiatement occupé par les Piémontais. Le 20 mai, une colonne de quinze mille Autrichiens (1), partie de Stradella, attaquait à onze heures du matin la cavalerie sarde (chevau-légers de Montferrat), cantonnée dans Casteggio et Montebello, et la refoulait sur Voghera où était au bivouac la division Forey.

(1) Troupes autrichiennes. Division volante du feld-maréchal Urban, au centre jusqu'à Verzale et Casatisma ; flanquée à gauche par les brigades Gual et Bile. En réserve à Rea deux bataillons et demi. En outre, la brigade prince de Hess s'avançait de Verrua à Prandazzo.

Toutes ces troupes (composant plus de 15,000 hommes), étaient aux ordres du feld-maréchal-lieutenant de Stadion, commandant le 5e corps d'armée.

(Gazette officielle de Milan.)

Au premier signal de l'arrivée de l'ennemi, le général monte à cheval, et, suivi du général de brigade Beuret, de leurs aides de camp et de deux bataillons du 74e (colonel Guyot de Lespart), marchant au pas gymnastique, se porte immédiatement aux avants-postes. Le 84e (colonel de Cambriels) est déjà engagé à la hauteur de Madura. Le 17e bataillon de chasseurs à pied (commandant d'Audebard de Ferussac), escortant la 6e batterie du 8e d'artillerie suit de près le mouvement du 74e.

Ces troupes furent immédiatement placées en bataille par le général Forey; une section d'artillerie enfilant un petit pont jeté sur le Fossagazzo, ruisseau qui coupe la route de Stradella à Alexandrie à 800 mètres environ de Genestrello; à droite et à gauche des pièces, les deux bataillons du 84e, prolongeant chacun leurs tirailleurs sur la berge du ruisseau. La voie du chemin de fer qui relie Stradella à Alexandrie et qui longe la route à droite et à environ un kilomètre, était en outre défendue par un bataillon du 74e placé à la hauteur de Cascina-Nuova. En réserve derrière le 84e et un peu à droite de la route reliant les deux corps de défense, un autre bataillon du 74e; ce mouvement était à peine terminé que le feu des tirailleurs annonça que l'ennemi était en vue. Il est probable que le général de Stadion ne s'attendait pas à une résistance aussi vigoureusement ordonnée; car, après un court engagement d'artillerie, une première charge à la baïonnette par le bataillon de droite du 84e le refoula profondément. Mais l'ennemi s'aperçut bientôt que notre gauche était dégarnie et qu'il n'avait devant lui qu'une poignée de braves, reporta tous ses efforts sur la droite et dirigea une forte colonne contre le bataillon du 84e commandé par le colonel Cambriels, entouré de six compagnies qui luttent corps à corps contre des forces bien supérieures; il anime ses hommes de sa voix et de son exemple; grâce à lui la cavalerie du général de Sonnaz peut arriver et quelques charges heureuses préparent le succès de la journée. Dès ce moment l'issue du combat n'est plus douteuse. Le 98e (colonel Dumesnil) et un bataillon du 91e arrivent avec le général Blanchard et fournis-

sent au général Forey les moyens de reprendre l'offensive.

— C'est une nouvelle victoire de Montebello!
crie au général, au milieu du tumulte, une voix
joyeuse.

— Commencée, répond celui-ci ; mais il
s'agit de l'achever, et il organise sur-le-champ
ses colonnes d'attaque sous les ordres du général Beuret. Le général Blanchard s'établit à
Cascina-Nuova et assure la ligne du chemin
de fer, tandis que le 17ᵉ chasseurs, le 84ᵉ et
le 74ᵉ, disposés en échelons, s'élancent sur la
partie sud de Montebello où l'ennemi se forti-
fie après avoir été chassé, non sans une
sérieuse résistance, des positions de Genestrello.

« Il s'engagea alors, dit le rapport du général Forey, un combat corps à corps dans
les rues du village, qu'il fallut enlever maison
par maison. C'est pendant ce combat que le
général Beuret a été blessé mortellement à
à mes côtés. »

Les colonels Meric de Bellefonds et Conseil-
Dumesnil ont été blessés, le commandant
Duchétué. La troupe, au moment de s'élancer,

hésite un instant sous la mitraille et les balles.
Le général Beuret (1), en la ramenant une
dernière fois à la baïonnette, est frappé mortellement d'une balle qui lui traverse la poitrine et atteint la colonne vertébrale ; mais, dès
lors les Autrichiens ne pouvaient plus tenir
devant l'élan de nos troupes, et, bien que
vigoureusement retranchés dans le cimetière
de Montebello, ils se virent encore arracher
cette dernière position, aux cris de *Vive
l'Empereur* !

A six heures ils évacuaient Casteggio et
reprenaient la route de Casatisma. « Les Français se sont battus avec beaucoup de bravoure,»
disait la *Gazette officielle de Milan* quelques

---

(1) Beuret (Georges), né à la Rivière (Haut-Rhin) le 15 janvier 1803. Élève de l'école Saint-Cyr en 1821, sous-lieutenant au 27e de ligne en 1823, lieutenant en 1830, capitaine
adjudant-major en 1836, chef de bataillon au 13e de ligne en
1844, lieutenant-colonel au 60e en 1849, colonel du 39e en
1852, général de brigade le 10 janvier 1855.

Chevalier de la Légion-d'honneur en 1834, officier en 1855 ;
chevalier de 2e classe de l'ordre de Pie IX, décoré du Medji-
dié de 1re classe et chevalier-compagnon de l'ordre du Bain.

Campagnes : 1823, Espagne ; 1830, Morée ; 1849, Rome ;
1850, 1851, 1852, Afrique ; 1854, 1855, 1856, Crimée ;
1859, Italie.

Blessé le 9 septembre 1854 d'un éclat de bombe à l'épaule
gauche (Sébastopol); blessé de nouveau le 4 mai 1855.

jours après, tout en cherchant à représenter le combat de Montebello comme une simple reconnaissance : les soldats antrichiens s'étaient bien battus; mais ils n'avaient pas été heureusement commandés. Du reste, à la même date, les feuilles autrichiennes constataient d'une façon singulière les échecs éprouvés sur un autre point. « Nos troupes ont abandonné, *par des raisons* stratégiques, la ville de Verceil, en faisant sauter le pont sur la Sésia. »

Le beau fait d'armes de Montebello nous avait coûté 500 hommes hors de combat. Parmi les officiers supérieurs blessés, le commandant Lacretelle succomba quelques jours après ; le colonel Méric de Bellefonds ne survécut que deux jours à sa blessure, mais il eut la consolation de recevoir, à son lit de mort, les insignes de commandeur de la Légion d'honneur. Le commandant de Férussac, légèrement blessé au mollet, resta à son bataillon. Les colonels Dumesnil et Guyot de Lespart, plus dangereusement atteints, durent se faire soigner dans les ambulances. Du côté des Sardes, on eut à regretter la perte du colonel Morelli, des chevaux-légers de Montferrat.

Les Autrichiens avaient laissé le champ de bataille couvert de leurs morts, et entre nos mains 200 prisonniers, dont un colonel et plusieurs officiers. Nous leur avions enlevé aussi quelques caissons d'artillerie (1). C'était inaugurer brillamment la campagne, et nos soldats n'avaient pas besoin de cela pour maintenir leur enthousiasme. Le fait suivant, vu et raconté par M. Amédée Achard, correspondant du journal *des Débats*, prouve jusqu'où va le moral de nos troupes : — On débarquait à la gare d'Alexandrie les blessés de Montebello. Un voltigeur gisait à l'écart. Trois balles l'avaient frappé du même coup, à la cheville, au genou, à la hanche.

— « Les blessures, certainement, on s'en passerait, disait-il; mais ce qui m'enrage, c'est de n'avoir pas pu seulement décharger mon fusil. Au premier feu, crac ! j'ai attrapé tout ça. Est-ce bête ! »

La division Bazaine, campée à trois lieues,

____

(1) Une correspondance autrichienne, insérée dans le *Nouvelliste de Bâle*, constate qu'après Montebello, un convoi de 900 blessés, appartenant à une seule brigade, fut dirigé sur Pavie.

malgré sa diligence et marchant au canon, arriva seulement à la fin du combat. Les zouaves du 1er régiment, qui formaient sa tête de colonne suivaient le trot des chevaux de leurs officiers. Leur désespoir se manifesta par des exclamations énergiques, lorsqu'ils apprirent qu'on avait battu l'ennemi sans leur secours. Plus heureux, un bataillon du 93e (1re division du 5e corps), et un escadron de chasseurs d'Afrique prêtèrent leur concours efficace au succès de cette glorieuse journée qui fut l'objet d'un ordre du jour spécial de l'empereur à son armée.

Le général Forey fut élevé à la dignité de grand-croix de la Légion d'honneur.

Le lendemain du combat de Montebello, l'Empereur, accompagné du général Fleury, l'un de ses aides de camp, du chirurgien en chef baron Larrey et de l'abbé Laine, se rendit sur le champ de bataille. Par l'examen des localités, Sa Majesté put se rendre compte de l'ardeur de ses troupes qui, en nombre bien inférieur (5,500 hommes), avaient repoussé 15,000 Autrichiens.

A dater de ce moment, les événements se

pressent et chaque journée amène un résultat.
Le combat de Montebello, où les deux armées
se battaient, n'a précédé, en effet, que de cinquante jours la signature des préliminaires de
la paix. Lorsque, les yeux fixés sur la carte,
on examine attentivement le chemin suivi par
nos soldats, les obstacles qu'ils eurent à surmonter et le nombre des corps d'armée qu'ils
vainquirent, on reste pénétré d'admiration
pour le grand politique et l'homme de guerre
consommé qui dirigea cette rapide campagne.

Le Roi de Sardaigne, d'après le plan adopté
par S. M. l'Empereur, ordonna à son armée
de prononcer sur sa gauche le mouvement en
avant. Dès le 21 mai, au matin, le général
Cialdini, par une manœuvre hardie, repoussa
les Autrichiens qui se trouvaient devant lui,
et força le passage de la Sezia, près de Verceil.

Outre son armée régulière, dont nous avons
donné plus haut la composition et la force, le
Piémont avait, dès le commencement de 1849,
et en vue des éventualités d'une guerre de
l'indépendance, organisé des corps de volon-

taires recrutés dans tous les États du nord de
l'Italie. Pour donner le plus de solidité possible
à ces corps, qui, d'ordinaire, deviennent des
embarras au lieu de servir d'auxiliaires, M. de
Cavour leur avait imposé une constitution régulière, un uniforme, des cadres, et, sous le
nom de *chasseurs des Alpes*, il était parvenu à
régulariser une petite armée de cinq à six
mille hommes déterminés. Chez eux, l'expérience et la discipline militaires étaient presque suppléées par un patriotisme ardent et le
désir de se distinguer. Garibaldi les commandait. On chercha aussi, sous le nom de chasseurs des Apennins et sous le commandement
du général Ulloa, à recruter, principalement
dans la Toscane, un autre corps de volontaires;
mais des difficultés nombreuses surgirent de
ce côté, et nous verrons plus tard comment on
parvint à organiser sérieusement les contingents toscans.

Revenons à Garibaldi. Ce chef de partisans
est une des individualités, à la fois singulières
et glorieuses, qu'engendrent les époques de
tourmente révolutionnaire, et qui ont le privi-
lége de parler fortement au cœur et à l'esprit

des multitudes. Brave et insoucieux de la vie,
il a été marin, soldat et ouvrier. Aventureux
dans ses sympathies politiques comme dans
ses habitudes, il a combattu en Amérique et
à Rome, faisant revivre au dix-neuvième siè-
cle le type oublié du *condottiere,* dont le bras
s'arme volontiers pour ceux qui en ont besoin,
à la condition toutefois qu'ils tiennent plus ou
moins directement à sa religion politique. Or,
les appétences de Garibaldi le portent ardem-
ment vers ceux qui combattent pour l'indépendance de l'Italie. C'est ce qui explique
pourquoi le soldat républicain de Rome a
consenti à s'enrégimenter sous la croix blanche
de Savoie. Depuis le commencement des hostilités, il avait donné la dernière main à
l'organisation de son petit corps d'armée et
brûlait du désir d'en venir aux mains. Il reçut
pour mission de passer le Tessin près du lac
Majeur, de s'emparer de Varèse, de Côme,
enfin de donner dans les Marches des Alpes de
l'occupation au corps du général Urban. En
outre, Garibaldi devait fomenter et organiser
la rébellion contre l'Autriche, et pour l'empêcher de devenir, par manque de direction,

préjudiciable à nos armes, il lui était enjoint de la discipliner au nom et au profit de Victor-Emmanuel.

Depuis que le mouvement italien commençait à se dessiner, les patriotes de l'Italie septentrionale s'étaient unis à Turin, sous le titre de *Socété nationale italienne*, et avaient formé une association propagandiste. Garibaldi en avait été élu vice-président et le journaliste La Farina, secrétaire. Quant au président, on ne l'avait pas choisi, ostensiblement du moins. Malgré les garnisons et la police autrichiennes, la Société nationale fonctionnait admirablement en Lombardie et en Vénétie, grâce à l'appui qu'elle trouvait dans toutes les classes de la population. Les manifestes de la Société circulaient de main en main. Ses adhérents avaient adopté pour devise et aussi comme mot d'ordre le nom du maëstro VERDI, dont les lettres représentent les initiales de *Vittorio-Emmanuele Re D'Italia* : ce qui fit bannir du répertoire les œuvres de ce compositeur, mais n'empêcha point les patriotes de chanter ses airs favoris. Enfin, le 1er mars, la présidence

de la Société nationale, voyant les événements
prendre plus de gravité, crut de son devoir
de communiquer à tous ses adhérents ses ins-
tructions secrètes.

. Les hostilités à peine commencées entre le
Piémont et l'Autriche, leur était-il recom-
mandé, insurgez-vous au cri de : *Vivent l'I-
talie et Victor-Emmanuel! Dehors les Autrichiens!* organisez les volontaires ; nommez
au nom du roi de Piémont des commissaires
provisoires qui devront maintenir la plus sé-
vère et inexorable discipline, appliquant à
chacun, quel qu'il soit, les dispositions militaires en temps de guerre. Abolissez les impôts qui pourraient exister sur le pain, le blé,
mais défendez la fondation des cercles et journaux politiques. Les libéraux de l'Italie com-
mençaient donc enfin à comprendre que la
liberté ne peut s'établir que par l'ordre et que
le premier besoin d'une révolution est un
gouvernement autoritaire et ferme.

La loi votée le 25 avril par le Sénat piémontais, et qui concédait des pouvoirs extraordi-
naires au gouvernement du roi pendant la
guerre, reposait sur les mêmes principes.

C'est par cette sage et désintéressée conduite que le Piémont sut inspirer à l'Europe le respect et mériter de la France l'énergique appui qui lui assurèrent le triomphe.

La diversion poussée par Garibaldi vers le Nord-Est, le bruit répandu que le corps d'armée du général Niel était destiné à la souteni, eurent les plus heureux effets. Dès le 24 mai, Garibaldi entrait à Varèse, et cinq jours aprèsr le comte Visconti-Venosta, commissaire du roi de Sardaigne, était installé à Côme.

Cependant la cause italienne trouvait chaque jour de nouveaux auxiliaires. La Toscane, Modène et Parme chassaient leurs souverains, et le 22 mai à dix heures, le prince Napoléon s'embarquait à Gênes pour Livourne.

La mission confiée au Prince était à la fois politique et militaire. Il devait :

1º Maintenir la Toscane dans la ligne de conduite tracée par l'Empereur Napoléon III, c'est-à-dire de ne pas laisser dégénérer l'expression du sentiment patriotique, et surtout d'organiser militairement toutes les ressources que l'on pouvait tirer de ce pays, ainsi

4.

que les duchés de Parme et de Modène ;

2° Contraindre, par la présence du drapeau français sur les frontières de la Romagne, le gouvernement autrichien à observer strictement sa neutralité dans les États du Pape ;

3° Garantir les habitants contre un retour offensif des Autrichiens, et de leur permettre de faire éclater sans entrave l'expression de leur sympathie pour la cause de l'indépendance italienne ;

4° Empêcher un corps autrichien de faire une pointe sur la Toscane, et menacer le flanc gauche de l'armée autrichienne en compromettant ses lignes de retraite (1).

Pendant ce temps, une escadre se rendrait à Venise, pour rassurer les patriotes de cette ville par la présence du pavillon français dans les eaux de l'Adriatique, et, en même temps, enfermer dans leurs ports les navires de la marine militaire autrichienne.

Comme on le voit, le plan était simple mais sagement conçu, et devait, par conséquent,

---

(1) *Moniteur* du 14 juillet 1859. — Rapport de S. A. I. le prince Napoléon.

réussir. L'Autriche, enfermée dans un cercle qui se rétrécirait chaque jour, voyait sa gauche menacée par le prince Napoléon, et sa droite toujours inquiétée par les tentatives audacieuses de Garibaldi. Elle était contrainte de garder à Venise une réserve nombreuse pour le cas toujours menaçant d'un débarquement (1). Enfin, son centre avait à tenir tête à l'armée combinée de l'empereur Napoléon III et du roi de Sardaigne. C'est dans cette situation que se trouvait le comte Giulay à la fin de mai. Quelque mauvaise qu'elle fût, il aurait pu, cependant, en tirer un meilleur parti; mais ce général a montré, pendant toute la campagne, peu de tempérament militaire. Après n'avoir pas su profiter, pour frapper un grand coup, de l'isolement primitif du Piémont; puis, après, du défaut de solidité de nos troupes qui, arrivant en quelque sorte par *petits paquets*, manquèrent plusieurs jours

(1) Nous savons de source certaine que jamais un débarquement du côté de Venise n'a été sérieusement dans la pensée de Napoléon III. Et lorsque, récemment, le général Wimpfen fut chargé d'organiser à Toulon une division, elle était destinée à faire un simulacre d'attaque bien plus qu'une tentative réelle.

d'artillerie, de cavalerie et aussi de direction.
Le comte Giulay, au lieu de chercher une occasion de montrer à ses troupes le chemin du
combat, les fatigua dans des marches et con-
tremarches, sans autre but que de donner le
change sur l'embarras où il se trouvait, en
présence de l'activité incessante des troupes
françaises, d'adopter lui-même un plan unique.

Lui qui prétendait diriger la campagne et
livrer bataille là où il le jugerait convenable,
fut conduit aux bords du Tessin, à l'endroit
où il nous était le plus favorable et le plus
utile de le battre.

PALESTRO (30 mai). L'Empereur avait
porté son quartier général à Casteggio ; puis
à Verceil. Les Autrichiens, refoulés peu à peu,
perdaient chaque jour du terrain. Repoussés
des positions de Palestro, de Vinzoglio et de
Casalino, sentant l'importance de raviver le
moral des soldats par un acte d'énergie, ils
résolurent de les reprendre, et, le 31 mai, portant de puissantes forces contre la droite du
roi de Sardaigne, qui, de ce côté, joignait le
général Canrobert, ils essayèrent de le couper

pour le battre plus facilement. La 4e division sarde aux ordres du général Cialdini, renforcée par le 3e de zouaves (5e corps, 1re division), que l'Empereur mit ce jour là à la disposition du roi Victor-Emmanuel, repoussa l'ennemi.

Vers les neuf heures du matin, le 3e de zouaves venait d'établir son bivouac sur la droite de Palestro, lorsque quelques coups de canon, suivis d'une fusillade assez vive engagée par les bersaglieri et autres troupes sardes déployées en tirailleurs devant le 3e zouaves, annoncèrent la présence de l'ennemi. Le colonel de Chabron fit aussitôt prendre les armes à sa troupe et se porta sur-le-champ sur sa droite, du côté où la fusillade paraissait le plus vivement engagée. Les Autrichiens, qui avaient pris l'offensive, s'avançaient rapidement. Le moment était décisif, et les Sardes, malgré leur bonne volonté, pliaient sous le choc. Le colonel de Chabron déploie quatre de ses compagnies en tirailleurs dans les blés qui couvraient les hommes et forme sur-le-champ trois colonnes d'attaque, sous les ordres des chefs de bataillon Du Moulin et Bocher. La fusillade était vive de part et d'autre. Les Autrichiens, reconnaissant qu'ils avaient devant eux les mêmes soldats que ceux qui les avaient déjà vaincus à Montebello, cherchent à tourner la position avec une forte colonne munie d'artillerie. Heureusement le colonel s'en aperçoit et lance tout le régiment contre les masses ennemies. Après avoir franchi rapidement le canal qui était devant eux, les zouaves abordèrent carrément l'ennemi à la baïonnette enlevèrent successivement toutes les positions et poursuivirent les Autrichiens jusqu'à la rivière de Rittza-Biraza, au village de Robbio.

« Le 3e zouaves, dit le rapport officiel, a pris neuf canons, fait environ 700 prisonniers, dont 9 officiers.

« De notre côté les pertes ont été sensibles.

« 46 tués, dont 1 capitaine (1).

« 229 blessés, dont 15 officiers.

« 20 disparus (ces hommes ont roulé dans la rivière de la Rittza-Biraza en y précipitant les Autrichiens. »

_____

(1) Le capitaine Drut.

L'Empereur mit ce glorieux fait d'armes à l'ordre du jour de l'armée et nomma le colonel de Chabron, général de brigade (1). Le roi Victor-Emmanuel qui, pendant l'action, s'était conduit plus en soldat qu'en général et, au milieu des zouaves, avait fait le coup de sabre comme un simple sous-lieutenant, envoya au colonel de Chabron une lettre de remercîment, et signala à sa propre armée, par un ordre du jour spécial, la conduite de l'incomparable 3e régiment de zouaves (*l'imparregiabile 3o regimento dei zuavi*).

La division du général Trochu (2e du 3e corps) avait pris position pendant le combat pour soutenir au besoin le colonel de Chabron.

L'*Opinione* de Turin raconte que les zouaves, enthousiasmés de l'entrain et du sansfaçon de leur camarade le roi Victor, comme

(1) M. de Chabron (Marie-Étienne-Emmanuel-Bertrand), après avoir été compris, en 1841, dans l'organisation du 7e chasseurs à pied comme capitaine, est arrivé chef de bataillon, à l'ancienneté, le 22 février 1852, au 50e; lieutenant-colonel du 86e le 21 mars 1855; colonel du 3e zouaves, le 22 mars 1855; général de brigade le 21 juin 1859; officier de la plus grande distinction, qui a fait brillamment les campagnes d'Afrique et de Crimée.

ils l'appelaient à leur bivouac, résolurent de lui envoyer une adresse de félicitation.

— « Qu'est-ce que tu veux qu'il en fasse? observa l'un d'eux.

— « Comment, répondit un vieux sergent, est-ce que tout un chacun, si haut qu'il soit placé, ne doit pas être fier d'être proclamé brave par les zouaves, les premiers soldats du monde, comme l'a dit l'Empereur?

— « C'est vrai, dirent tous les assistants.

— « Ah!... une idée! s'écria un clairon: si nous le nommions caporal? »

Cette proposition fut généralement approuvée, et, quelques instants après, le plus ancien des sergents présents prononça ces paroles au milieu du cercle des zouaves :

« Au nom du 3ᵉ zouaves, le nommé Emmanuel, roi de Sardaigne, est élevé au grade de caporal dans ledit régiment. »

Cette nomination, portée à la connaissance du Roi, fut accueillie par lui comme une marque sincère de la sympathie que l'armée française professait pour son caractère. Victor-Emmanuel peut, en effet, se montrer fier d'avoir gagné les galons de caporal dans l'armée française à Palestro ; son père, Charles-Albert, ne s'était-il pas honoré des épaulettes de grenadier qui lui furent offertes le lendemain du combat du Trocadéro.

Après avoir visité le champ de bataille de Palestro, l'Empereur ordonna au général Niel de balayer la route de Novare et de débusquer l'ennemi de cette place. La division de Failly, qui fut chargée de cette besogne, n'eut à engager que son bataillon de chasseurs (le 15e). L'ennemi se retira laissant entre nos mains quatre canons de campagne.

II.

TURBIGO, MAGENTA.

Le 3 juin 1859, il ne devait plus rester un soldat autrichien dans les États du Roi de Sardaigne. Ce résultat avait été obtenu par la simple concentration des armées alliées sur le bassin du Tessin. Les troupes françaises engagées jusqu'à ce jour, l'avaient été surtout à titre d'auxiliaires, et si l'histoire impartiale attribue à nos armes la plus grande part dans les succès de Montebello et de Palestro, il n'avait pas dépendu de l'empereur Napoléon III qu'aux Piémontais seuls revînt l'honneur d'avoir lavé de leur sang la souillure faite au sol par la présence d'une armée étrangère. Effaçant sa personne et son armée pour laisser à Victor-Emmanuel la gloire de reconquérir seul ses États, l'Empereur se réservait de peser de tout le poids de son épée dès qu'il s'agirait d'arracher aux Autrichiens le territoire lombard, comme il était, dès à présent, déterminé à faire respecter le pouvoir temporel du Pape et à arrêter les élans anarchiques qui cherchaient déjà, par des impatiences isolées, à forcer sa main puissante.

Bien que dirigeant toutes les opérations de la guerre, il ne parut sur le champ de bataille que le 4 juin, à Magenta. Nous marchions dès lors sur le terrain de la conquête.

La prudence du général de Goyon, aide de camp de l'Empereur et commandant le corps d'occupation français à Rome, avait déjà évité que dans cette ville des manifestations sym-

pathiques à la cause de l'indépendance, dé-
générassent en conflits regrettables. Le prince
Napoléon, en Toscane, donnait une sage et
correcte impulsion au mouvement patriotique,
et partout où la France prenait en main les
intérêts de l'Italie, un caractère systématique
d'ordre et de méthode assurait leur triomphe rapide.

L'armée autrichienne avait senti la puissance de nos moyens militaires, et la guerre,
sous la direction immédiate de l'Empereur,
allait prendre un essor puissant qui devait
amener une paix définitive et glorieuse.

Venant au devant des critiques que des
stratégistes improvisés ne manquent jamais
de formuler, même après un aussi foudroyant
succès que celui qui couronna nos armes, le
Moniteur, dans la relation des événements
militaires qui nous livrèrent l'entrée de la
Lombardie, explique de la manière suivante
les raisons qui déterminèrent l'Empereur à
forcer le Tessin à la hauteur de Buffalora, et
résume en même temps tout le commencement
de la campagne :

« L'armée française, réunie autour d'Alexandrie, avait devant elle de grands obstacles à vaincre. Si elle marchait sur Plaisance, elle avait à faire le siége de cette place et à s'ouvrir de vive force le passage du Pô, qui, en cet endroit, n'a pas moins de neuf cents mètres, et cette opération si difficile devait être exécutée en présence d'une armée ennemie de plus de deux cent mille hommes.

« Si l'Empereur passait le fleuve à Valence, il trouvait l'ennemi concentré sur la rive gauche, à Mortara, et il ne pouvait l'attaquer, dans cette position, que par des colonnes séparées, manœuvrant au milieu d'un pays coupé de canaux et de rizières. Il y avait donc, des deux côtés, un obstacle presque insurmontable. L'Empereur résolut de le tourner, et il donna le change aux Autrichiens en mettant son armée sur la droite, en lui faisant occuper Casteggio et même Robbio, sur la Trébia.

« Le 31 mai, l'armée reçut l'ordre de marcher par la gauche, et franchit le Pô à Casale, dont le pont était resté en notre possession ; elle prit aussitôt la route de Vercelli, où le passage de la Sézia fut opéré pour protéger et couvrir notre marche rapide sur Novare. Les efforts de l'armée furent dirigés vers la droite de Robbio, et deux combats glorieux pour les troupes sardes, livrés de ce côté, eurent encore pour effet de faire croire à l'ennemi que nous marchions sur Mortara. Mais, pendant ce temps, l'armée française s'était portée sur Novare, et elle y avait pris position sur le même emplacement où, dix ans auparavant, le roi Charles-Albert avait combattu. Là, elle pouvait faire tête à l'ennemi, s'il se présentait.

« Ainsi, cette marche avait été protégée par cent mille hommes campés sur notre flanc droit, à Olengo, en avant de Novare. »

C'est au général de Mac-Mahon, commandant le 2ᵉ corps et à la garde impériale qu'échut l'honneur de préparer le passage du Tessin.

L'ennemi, du reste, s'il n'avait pas pris complétement le change sur les opérations de notre armée, les suivait d'un œil inquiet et peu lucide. Les Autrichiens, qui en étaient encore à la tactique du grand Frédéric lorsqu'ils furent battus par Napoléon Ier, ont étudié depuis cinquante ans la tactique de ce dernier, et devaient nécessairement être troublés par les évolutions d'une école nouvelle, inaugurée par l'empereur Napoléon III.

Les troupes autrichiennes occupaient à cette époque les positions suivantes :

7e corps. Division Reischach, à Corbetto;

Feld-maréchal Lillia, à Castelletto;

3e et 5e corps à Abbiategrasso;

Le 8e corps à Binasco et à Bestazzo;

Enfin, le 9e sur les bords du Pô, au-dessous de Pavie.

Le feldzeugmeister comte Giulay, pressentant une attaque partant de San-Martino, dirigea sur le flanc droit de l'armée alliée les 3e et 5e corps. Il prescrivit de rompre le pont établi à San-Martino et d'éviter un engagement général avant que toutes ses dispositions fussent exécutées, de telle sorte que lorsque le général Espinasse, avec une brigade de sa division, se présenta le 2 juin, le matin, dès l'aube, à Buffalora, l'ennemi se replia en détériorant le pont établi à cet endroit, mais si maladroitement qu'il put être réparé sur-le-champ. Les Autrichiens abandonnèrent trois obusiers, deux canons de campagne et plusieurs chariots de munitions.

Dans la nuit, la division Camou (voltigeurs de la garde), mise à la disposition du commandant du 2ᵉ corps, s'était avancée en face de Turbigo, et, sous sa protection, les pontonniers y avaient établi un pont. Une des deux brigades franchit sur-le-champ la rivière et alla occuper la tête du pont, du côté de Turbigo, où elle se fortifia.

A huit heures et demie du matin, le reste du 2ᵉ corps quittait Novare, et arrivait au pont de bateaux, qu'il traversait à son tour.

M. de Mac-Mahon, se portant aussitôt en avant avec son état-major et un escadron de chasseurs à cheval, s'arrêta à l'église de Turbigo, et du haut de la plate-forme de ce monument examina de sa personne le terrain et les hauteurs de Robecchetto, où il avait l'ordre d'établir ses troupes. « Je m'aperçus tout à coup, dit-il, dans son rapport, que j'avais à quelque 500 mètres de moi une colonne autrichienne qui, paraissant venir de Buffalora, marchait sur Robecchetto avec l'intention évidente d'occuper ce village. »

Cette colonne suivait à l'Est, le chemin qui vient de Magenta et de Buffalora.

Le général commandant en chef ordonna aussitôt au général de La Motterouge (1re division, 2e corps), qui n'avait alors avec lui que le régiment provisoire des tirailleurs algériens (colonel Laure), de porter ses trois bataillons en avant, en attendant que le reste de sa division eût passé la rivière. Ils furent immédiatement disposés en trois colonnes d'attaque, marchant à intervalle de déploiement et convergeant sur Robecchetto, en y pénétrant par la voie centrale à l'extrémité opposée à celle par où entrait la colonne autrichienne, et en le contournant par la partie Est de manière à inquiéter les derrières de

l'ennemi. Chaque bataillon était en colonne
par divisions et précédé de deux de ses compagnies en tirailleurs : le 1er à droite, le 3e à
gauche et le 2e au centre, avec une batterie
de la réserve générale de l'armée sous les
ordres directs du général Auger : en même
temps M. de Mac-Mahon activait l'arrivée des
autres régiments de la division. Le 45e (colonel Manuelle), était chargé de suivre le mouvement des Algériens Le 65e (colonel Drouhot),
et le 70e (colonel Douay) recevaient l'ordre de
se porter par la route de Castano sur Robecchetto.

A deux heures, les tirailleurs du général
de La Motterouge se trouvèrent en présence
de l'ennemi. A sa voix et excités par l'exemple
du brave colonel Laure, ils s'élancent à la
baïonnette sur les colonnes autrichiennes
sans tirer un coup de feu. Accueillis par une
fusillade très-vive, rien n'arrête ces intrépides
soldats qui, tête baissée, se précipitent en
avant : ce n'est qu'à bout portant qu'ils brû-
lent leur cartouche ; effrayé par ce sublime
élan, l'ennemi hésite un instant, mais ne peut
résister à ce torrent humain. En dix minutes

les Autrichiens sont défaits et repoussés énergiquement en dehors du village. Là seulement sous la protection de son artillerie qui vomit la mitraille sur nos colonnes, il cherche à se reformer ; mais les six pièces du général Auger ne lui en laissent pas le temps. Cet excellent officier général fait prendre à la batterie quatre positions successives qui battent les Autrichiens et portent le désordre et la mort dans leurs rangs.

« C'est dans une de ces positions, dit la relation officielle, que le général Auger, croyant apercevoir dans les blés une pièce autrichienne ayant quelque peine à suivre le mouvement de retraite de l'ennemi, se précipita au galop sur elle et s'en empara. Près de la pièce, gisait à terre le commandant de la batterie, coupé en deux par un de nos boulets. »

L'ennemi, pendant cet engagement, avait dirigé sa cavalerie par la route qui vient de Castano, mais il y rencontra un bataillon du 65e et deux pièces d'artillerie qui décidèrent sa retraite définitive.

Les tirailleurs avaient perdu un capitaine

(M. Vaneechout) et sept soldats. Trois officiers de ce corps furent blessés ainsi que le
colonel de Laveaucoupel, de l'état-major.

Les Autrichiens, commandés par le général
Cordon, avaient laissé sur le champ de bataille un nombre considérable de morts et
quelques prisonniers.

Le passage du Tessin à Turbigo et l'occupation de Robecchetto par le 2e corps, était
un fait d'une grande importance et qui pré-
parait heureusement la journée de Magenta.

Le général en chef autrichien, se sentant
fortement menacé par le mouvement tournant
de nos troupes et voyant les trois corps d'armée qu'il avait autour de Vigevano gravement
compromis, ou tout au moins immobilisés par
cette manœuvre rapide, les rappela sur-le-
champ et leur prescrivit de repasser le Tessin.
De telle sorte, que le 4, au matin, alors que
l'armée française commençait son mouvement,
il pouvait lui opposer 125,000 hommes.

D'après les ordres de l'Empereur, la 2e brigade de grenadiers de la garde (2e et 3e régiments), sous le commandement du général
Wimpfen, partit de Trecate, à huit heures du

matin, pour aller occuper la tête du pont de San-Martino, évacuée dès la veille par les Autrichiens. Les grenadiers reconnurent la rive opposée : l'ennemi montrait peu de forces. A dix heures du matin, la brigade Cler (1er grenadiers et zouaves), deux escadrons de chasseurs à cheval sous les ordres du général Cassaignolles, trois batteries d'artillerie à pied et deux d'artillerie à cheval, vinrent appuyer le général Wimpfen. A onze heures et demie, quelques coups de fusil et de canon furent échangés ; mais sur l'ordre du général comte Regnaud de Saint-Jean d'Angely, les grenadiers cessèrent un feu inutile. Dès le matin, des sapeurs du génie avaient, à coups de hache, ouvert la toiture d'une des maisons placées sur le bord de l'eau, et en avaient formé un observatoire pour l'Empereur. Sa Majesté avait passé le Tessin avec les grenadiers de sa garde, et dirigeait en personne le combat sur ce point. D'après le plan adopté par Elle, le général de Mac-Mahon, renforcé par les voltigeurs et par une portion de l'armée sarde, qui, malheureusement, fut retardée dans sa marche, devait rabattre de Turbigo sur Ma-

genta, tandis que les troupes des 3e et 4e corps
soutenaient les grenadiers.

Les difficultés que rencontra sur sa route
le commandant en chef du 2e corps, sont parfaitement décrites par cet officier général dans
son rapport du 6 juin.

La division de La Motterouge, ayant dans
ses traces la division Camou des voltigeurs de
la garde, partit de Turbigo par Robecchetto,
Malvaglio, Casate et Buffalora, pendant que
la division Espinasse, débordant du côté Est,
se dirigeait sur le même point par Buscate,
Inveruno, Mesero et Marcallo.

Arrivée à Cuggiono à midi, la division de
la Motterouge rencontra deux régiments autrichiens retranchés dans Casate, et qui n'é-
taient que l'avant-garde de fortes réserves
réunies à Buffalora et à Cascina-Guzzafame.
Le général de La Motterouge, ayant sa droite
à Cascina-Valizio, sa gauche à Cascina-Ma-
lastalla, forma sa ligne d'attaque; les voltigeurs de la garde placés en seconde ligne par
bataillons en masse, à intervalle de déploiement. Sur la gauche, le général Espinasse hâ-
tait son mouvement sur Mezero et Marcallo.

Pendant ce temps, l'ennemi, qui avait reconnu qu'à San-Martino l'empereur Napoléon ne disposait encore que des grenadiers et des zouaves de la garde, massait ses troupes devant cette position, et semblait vouloir intercepter la jonction du général de Mac-Mahon par des obstacles insurmontables.

« Telle était la situation des choses, dit la relation officielle, et l'Empereur attendait, non sans anxiété, le signal de l'arrivée du général de Mac-Mahon à Buffalora, lorsque, vers les deux heures, il entendit de ce côté une fusillade et une canonnade très-vives : le général arrivait. »

Ce fut un moment solennel, en effet, que celui où cette petite troupe de braves (5,000 hommes au plus) dut donner toute la mesure de sa valeur pour permettre au maréchal Canrobert, retardé par l'encombrement des chemins, d'arriver au Tessin, et pour seconder la marche hardie du 2ᵉ corps aux prises avec un ennemi redoutable.

A une heure et demie, l'Empereur, entendant la canonnade engagée vers la droite de la position de l'ennemi, en conclut que le mouvement du 2ᵉ corps s'opérait, et ordonna aux grenadiers d'attaquer et de se porter en avant sur la position ennemie.

Cette position, dit le général Regnaud de St-Jean d'Angely, forme un demi-cercle de collines appuyant sa droite au village de Buffalora, son centre à Magenta et sa gauche à Robecco. Toute cette ligne est couverte par un canal large et profond, le Naviglio Grande, coulant à mi-côté entre deux digues fort escarpées et franchissables seulement sur trois ponts vis-à-vis des trois villages. En avant et en arrière du pont de Magenta se trouvent quatre grandes maisons de granit (les bâtiments de la station et de la douane) ; ces maisons, occupées par l'ennemi, défendaient l'approche du canal et empêchaient ensuite de le franchir

Le terrain à droite et à gauche de la grande route qui mène au pont de San-Martino à celui de Magenta, est coupé de fossés remplis d'eau et de rizières inondées qui rendaient très-difficile la marche de l'infanterie en dehors de la route. A gauche, une chaussée étroite conduit au pont de Buffalora : à droite, la levée du chemin de fer mène à celui de Robecco

Le 2ᵉ grenadiers (colonel d'Alton) est chargé d'attaquer Buffalora, le 3ᵉ (colonel Metman) suit la chaussée du chemin de fer : de ce côté l'ennemi est rapidement chassé d'une redoute qu'il a élevée devant le pont de Rebecco. Le colonel Metman y est établi solidement par le général Wimpfen, qui lance le lieutenant-colonel Tryon et le commandant Ducoin avec huit compagnies du 3ᵉ sur les maisons qui couvrent l'entrée de Magenta. La fusillade arrête un instant leurs efforts, alors les zouaves de la garde (colonel Guignard) et le 1ᵉʳ grenadiers (colonel Lenormand de Bretteville) sous les ordres du général Cler, appuyent le mouvement du 3ᵉ grenadiers.

A l'entrée du pont sur la chaussée, le général et les officiers qui l'entourent tombent criblés par la mitraille. Six hommes, conduits par un officier, s'élancent au milieu de cette grêle de projectiles pour reprendre le corps de leur général qu'ils ne croyent que blessé, et trouvent une mort glorieuse au milieu du pont envahi par les Autrichiens. C'est alors que

s'engagea une lutte acharnée, dans laquelle
s'accomplirent des prodiges de valeur et de
dévoûment. L'aide de camp du général Cler,
M. le capitaine Caffarel, qui avait été aussi
renversé à la première décharge et était tombé évanoui sur son cheval tué, avait fini par
se dégager ; aidé d'une poignée de braves, il
parvient à reprendre le corps du général Cler;
mais, bien que cette lutte n'eût duré que quelques minutes, les Autrichiens, assure-t-on, et
nous nous refusons à le croire, avaient dé-
pouillé complétement le corps du général.
Les zouaves et les grenadiers s'élancent de
nouveau sur le pont, culbutent tout sur leur
passage et restent maîtres de la position.

Pendant ce temps, le général de Mac-Mahon
marchait toujours. Le 45e de ligne entrait
dans Cascina-Nuova, y faisait 1,500 prisonniers et s'emparait du drapeau d'un régiment
hongrois : les tirailleurs indigènes poussaient
sur Buffalora en appuyant le plus possible vers
Magenta. Le reste de la division de La Motterouge et la division Camou les suivent de près.
En même temps, avec un élan et un ensemble
admirable, la division Espinasse, marchant

de Mascallo sur Cascina-Médici, abordait l'ennemi par sa droite et convergeait sur le général de La Motterouge.

L'Empereur sentant ses ordres exécutés, voyant enfin arriver la division Renault (cinq heures du soir) du 3ᵉ corps et la division Vinoy du 4ᵉ corps, put se dire que la victoire était gagnée et fit pousser en avant. A cette heure-là même le général en chef autrichien comptait aussi sur la victoire et dirigeait 1º : sur la rive orientale du Naviglio le général Raming ; 2º entre le canal Carpengago, la brigade Hartung; 3º derrière les deux, comme réserve, la brigade Durfeld. Mais déjà le lieutenant feld-maréchal Reischach était refoulé. La garde avait chargé avec animation et, secondée par les divisions Vinoy et Renault, elle s'emparait définitivement de Buffalora : le général Espinasse entrait à sept heures dans Magenta et y trouvait une mort glorieuse (1) ;

_____

(1) Arrivé devant Magenta, dont toutes les maisons étaient crénelées, les rues barricadées et les avenues balayées par le canon, le général Espinasse fit battre la charge et se jeta des premiers dans une large rue qui conduit à la gare du chemin de fer. Accueilli par la mitraille et voyant que les chevaux menaçaient à tout moment de s'abattre sur le sol trempé de

le général de La Motterouge assurait la victoire en chassant l'ennemi de ses derniers retranchements. Enfin l'artillerie de la garde, sous les ordres du général Lebœuf, et celle du 2e corps, commandée par le général Auger, allaient fouiller jusque dans Castello, Barsi, Robecco et le long du chemin de fer, les colonnes autrichiennes en retraite.

L'Empereur nomma maréchaux de France sur le champ de bataille : le comte Regnaud de St-Jean d'Angely (1) commandant la garde

---

sang : « Mettons pied à terre, » dit-il au général Castagny qui le suivait. Et tous deux se portèrent en avant. Une maison occupée par 500 Autrichiens faisait aux nôtres un mal considérable, et tous les efforts avaient été impuissants pour faire céder la porte cochère fortement barricadée. Le général Espinasse désigne à ses zouaves les fenêtres du rez-de-chaussée et leur crie de les enfoncer, lorsqu'une balle, partie de ces fenêtres, lui traverse le corps de part en part et lui brise le bras gauche. Il poussa un grand cri, lança au loin son sabre et tomba mort aux pieds du général de Castagny.

Quelques instants après, son cousin, le sous-lieutenant Froidefond, des carabiniers, qui lui servait d'officier d'ordonnance, tombait également, frappé par une balle autrichienne.

(1) M. Regnaud de Saint-Jean d'Angely (Auguste-Michel-Étienne), est né à Paris le 30 juillet 1799. Élève à l'école de cavalerie de Saint-Germain le 30 mars 1812, sous-lieutenant au 8e chasseurs à cheval le 21 septembre, lieutenant, le 10 octobre 1813, au 8e hussards ; aide de camp des généraux Piré

impériale et le comte de Mac Mahon (1) commandant le 2ᵉ corps.

et Corbineau, capitaine en 1814, officier d'ordonnance de l'Empereur en 1815, chef d'escadron la même année.

Rentré dans ses foyers en août 1815, avec le grade de lieutenant, il fit en 1828, à l'état-major du maréchal Maison, l'expédition de Morée, et fut confirmé dans le grade de capitaine le 27 décembre 1829.

Lieutenant-colonel, le 11 septembre 1830, du 1ᵉʳ chasseurs, devenu 1ᵉʳ lanciers ; colonel du même régiment le 20 octobre 1832, maréchal-de-camp en 1841 ; il commandait, en 1848, la brigade de cavalerie à Paris, et donna un bel exemple d'énergie militaire en conservant ses troupes dans sa main pendant les événements, et en accompagnant le roi Louis-Philippe ; général de division en 1818.

Il a successivement commandé une division de cavalerie à l'armée des Alpes, rempli les fonctions de ministre de la guerre (1851), de membre et de président du comité de cavalerie et commandant en chef de la garde impériale ; membre de l'assemblée législative en 1849, sénateur en 1852.

Campagnes : 1812, Russie ; 1814, Suisse ; 1814, France ; 1815, 1831 à 1833, Belgique ; 1849, Italie ; 1855, Orient ; 1859, Italie.

Il est grand'croix de la Légion d'honneur (1855), de l'ordre de Pie IX et de l'ordre britannique du Bain.

(1) M. de Mac-Mahon (Marie-Edme-Patrice-Maurice), est né à Sully (Saône-et-Loire), le 28 novembre 1808. Élève à l'école Saint-Cyr en 1825, sous-lieutenant à l'école d'application d'état-major en 1827, lieutenant le 20 avril 1831, capitaine le 20 décembre 1833, aide de camp des généraux Achard, Bro, Danrémont, d'Houdetot et Changarnier ; chef de bataillon au 10ᵉ chasseurs à pied en 1840, lieutenant-colonel du 2ᵉ régiment de la légion étrangère en 1842, colonel du 41ᵉ en 1845, du 9ᵉ en 1817 ; général de brigade en 1848, général de division en 1852.

Commandant la division d'Oran, puis celle de Constantine ;

L'Empereur voulut, en outre, que celui qui avait tant fait à Turbigo et à Magenta, portât le nom de cette dernière victoire, et il créa duc de Magenta le maréchal de Mac-Mahon. Cette glorieuse récompense fut accueillie avec joie par toute l'armée, qui avait pu juger, sur la crête de Malakoff et dans maintes circonstances en Afrique, que l'illustre chef qui la guidait avec tant de valeur et de talent était digne des plus hautes distinctions militaires.

En rendant compte à l'Empereur François-Joseph des détails de la journée du 4 juin, le feldzeugmeister Giulay n'essaya point de dissimuler sa défaite ; il chercha seulement à l'atténuer, en prétendant que nos troupes étaient supérieures en nombre à celles dont il pouvait disposer. Or, d'après son rapport même, il est constant qu'il commandait ce

---

une division d'infanterie au camp du Nord, puis une à l'armée d'orient, puis une à l'armée d'Afrique ; en dernier lieu, commandant supérieur des forces de terre et de mer en Algérie.

Campagnes : 1830 et 1831, Afrique ; 1832, Belgique ; 1837, Afrique ; 1840 à 1855, Afrique ; 1855 et 1856, Crimée ; 1857 à 1859, Afrique ; 1859, Italie.

Dix citations : notamment à Malakoff, à Icheriden (Algérie) et à Turbigo (Italie).

jour-là à 150,000 hommes au moins. L'empereur Napoléon III n'avait engagé, dans tout le courant de la bataille, que 42,000 hommes et 108 pièces de canon, répartis de la manière suivante :

INFANTERIE.

Garde impériale, 24 bataillons,	12,000	hommes.
2e corps, 28 bataillons,	14,000	
3e corps, (1re division), 13 bataillons,	6,500	
4e corps (2e division), 13 bataillons,	6,500	

ARTILLERIE.

Garde impériale, 5 batteries (30 pièces),	
2e corps, 9 batteries (54 pièces),	
3e corps, 2 batteries (12 pièces),	2,100
4e corps, 2 batteries (12 pièces),	

CAVALERIE.

Garde impériale, 2 escadrons,	250
2e corps, 8 escadrons,	1,000
	42,350

« Le soir étant venu, je fis occuper fortement Robecco, dit le général Giulay, et tout préparer pour attaquer de nouveau le matin du 5... C'est à ce moment que j'appris que les troupes du 1er et du 3e corps, qui avaient le plus souffert du premier choc de l'ennemi, s'étaient déjà portées en arrière, et qu'elles ne pourraient arriver sur le champ de bataille qu'en faisant une marche de nuit très-fatigante. Ces troupes s'étaient déjà remises en route dès trois heures du matin, de sorte qu'à l'heure où il m'eût été possible de les envoyer de nouveau en avant, elles opéraient déjà leur marche en arrière. Dans de telles conditions, je dus chercher à maintenir intacts, pour couvrir les autres, les corps qui se trouvaient encore prêts à combattre. Il me fallut ordonner la retraite. »

Les généraux Klam-Gallas et prince de Lichtenstein, si vertement accusés par cette partie du rapport du commandant en chef, n'acceptèrent pas cette critique ou plutôt cette accusation : ils demandèrent à passer devant un conseil de guerre pour justifier publiquement leur conduite et reporter sur le comte Giulay tous les malheurs de la journée du 4 juin. Il nous semble qu'ils furent simplement compris dans la disgrâce de leur accusateur, et que leur demande ne reçut point d'autre réponse qu'une destitution ; car la *Gazette de Vienne*, en annonçant, quelque temps après, leur arrivée dans cette ville, insinuait perfidement qu'il n'était pas probable qu'ils reprissent jamais du service dans une armée active.

Du reste, ces récriminations, pour le moins honteuses, ne doivent pas étonner chez les vaincus, puisqu'il arrive malheureusement quelquefois, parmi les vainqueurs, que le prestige du succès et, ce qui domine tout, l'événement, ne les placent point au-dessus de semblables faiblesses.

L'armée française était restée maîtresse du champ de bataille, et l'ennemi s'était retiré en laissant entre nos mains 4 canons, dont un pris par les grenadiers de la garde, 2 drapeaux (1) et 7,000 prisonniers. Bien que les

---

(1) Ces deux drapeaux furent pris par le 2e de zouaves et le 45e de ligne, tous deux du 2e corps. L'Empereur, voulant donner aux régiments qui se distinguaient sur le champ de bataille par de semblables actions une marque particulière de son estime, et en même temps en perpétuer le souvenir, décida que tout corps qui prendrait un drapeau à l'ennemi recevrait pour le sien la croix de chevalier de la Légion d'honneur.

Par une coïncidence glorieuse, le 2e de zouaves est le premier régiment de l'armée française qui ait présenté son aigle

rapports autrichiens fixent à 4 et 5,000 le
nombre de leurs tués et blessés, il est avéré
aujourd'hui que le chiffre de 20,000 fourni
par l'état-major français n'est pas éloigné de
la vérité. Le canon rayé avait fait d'effrayants
ravages dans leurs réserves, et le demi-aveu
du général Giulay à ce sujet équivaut à une
confirmation pleine et entière des assertions
françaises.

Ce n'était, du reste, qu'au prix de cruels
sacrifices que nous avions acheté la victoire.
Outre les généraux Espinasse (1) et Cler (2),

au feu en le plantant sur les murs de Laghouat, à la fin 1852.
Le 21 septembre 1854, à l'Alma, le même régiment vit encore son aigle flotter au-dessus du télégraphe, dans les mains
du colonel Cler. L'aigle du 2e de zouaves méritait, on le voit,
d'être chevalier de la Légion d'honneur.

(1) M. Espinasse était né à Cessac (Aude), en 1814. Sorti
de l'école militaire de Saint-Cyr en 1833, en 1844, il reçut
quatre coups de feu au combat de l'Aurès; nommé chef de bataillon aux zouaves le 20 octobre 1845 et lieutenant-colonel
du 22e léger le 1er mai 1847, il fit, avec ce dernier régiment,
la campagne de Rome, et se distingua le jour de l'assaut;
passé au 20e de ligne, en Afrique, il ne rentra en France
qu'en 1851, comme colonel du 42e ; général de brigade en
1852 et aide de camp de l'Empereur, il prit part à la campagne de Crimée et y fut promu général de division.

En 1858, il avait été appelé au ministère de l'intérieur, et,
en quittant ce poste, il avait été nommé sénateur.

(2) M. Cler (Jean-Joseph-Gustave) est né à Salins (Jura); il

nous avions eu 4,444 hommes mis hors de combat : chiffre qui se décompose de la manière suivante : 52 officiers tués, 194 blessés ; 512 soldats tués, 2,951 blessés, 735 disparus.

L'état-major avait perdu 3 officiers (1) et avait eu 7 officiers blessés (2).

Les grenadiers avaient perdu 7 officiers (3),

était âgé de quarante-six ans, élève de l'école de Saint-Cyr ; capitaine au 2ᵉ bataillon d'infanterie légère d'Afrique en 1841, puis adjudant-major, il rentra en France, en 1846, comme major au 6ᵉ léger ; lieutenant-colonel en 1852, il fut appelé au 2ᵉ de zouaves, où il se distingua à la prise de Laghouat ; colonel du même régiment en août 1853, il le conduisit en Crimée. C'est là que le général Cler conquit sa réputation. Cité à l'Alma pour sa conduite dans la nuit du 23 au 24 février 1855, où, entouré de tous côtés, il parvint à se frayer un passage après une lutte de deux heures corps à corps et dans l'obscurité. Le 5 mars suivant, il obtint les étoiles de général. A la bataille de la Tchernaïa, sa conduite fut au-dessus de tous les éloges ; en citant son nom dans l'ordre du jour général du 17 août, le général en chef ajoutait qu'il avait droit à la reconnaissance de l'armée.

Depuis cette époque, il commandait une brigade de grenadiers dans la garde.

(1) Parmi eux, le colonel de Senneville, officier supérieur de la plus haute distinction, l'ami et le chef d'état-major du maréchal Canrobert, fut l'objet de regrets universels.

(2) Parmi lesquels le lieutenant-colonel de Beaumont, attaché au 2ᵉ corps, mort depuis des suites de sa blessure.

(3) Les chefs de bataillon de Maudhuy et Desmé de Lisle, du 2ᵉ régiment ; les lieutenants Nardin, Stutel, Bouvier et Mourre, du 1ᵉʳ, et le sous-lieutenant Riandet, du 3ᵉ.

les zouaves de la garde, 1 ; 33 officiers de la garde avaient été blessés ; elle avait perdu, en outre, 145 soldats tués et 165 disparus ; le nombre des soldats blessés s'élevait à 539.

Le 2ᵉ corps avait perdu 24 officiers, dont 2 colonels : MM. Drouhot, du 65ᵉ, et de Chabrières, du 2ᵉ étranger. 75 officiers avaient été blessés (1).

Les pertes en soldats s'élevaient à 215 tués, 364 disparus, 1,022 blessés.

Dans le 3ᵉ et le 4ᵉ corps, les pertes furent moins sensibles : le 90ᵉ perdit son colonel, le brave colonel Charlier, et eut 18 officiers blessés, 26 soldats tués, 272 blessés et 49 disparus. Le 85ᵉ perdit 5 officiers, dont un officier supérieur (2) ; 30 officiers blessés, 33 soldats tués, 199 blessés et 39 disparus.

Parmi les officiers blessés, on citait : les généraux de brigade de Martimprey, Wimpfen ; les colonels de Bellecourt (85ᵉ), Auzouy (23ᵉ),

---

(1) Parmi les régiments qui avaient le plus souffert, il faut citer le 65ᵉ, le 70ᵉ, le 2ᵉ de zouaves, les tirailleurs algériens et le 2ᵉ étranger.

(2) Le commandant Delort.

de Cornély, de l'état-major ; M. Mallarmé, intendant du 3ᵉ corps ; M. Pissonnet de Bellefonds (1), chef de bataillon aux zouaves de la
garde, et M. le lieutenant-colonel Bigot, du
85ᵉ, amputé.

Après le duc de Magenta et le maréchal
commandant la garde, les officiers-généraux
qui avaient le plus contribué au succès de la
journée étaient tous des héros de la Crimée :
M. Mellinet, qui eut deux chevaux tués sous
lui ; M. Vinoy, dont le général Niel disait :
« Il est impossible d'allier à un plus haut
degré l'ardeur qui électrise le soldat et la présence d'esprit qui fait parer aux cas difficiles
et imprévus ; » le général de La Motterouge
et le général de brigade Picard.

Le général Auger, commandant l'artillerie
du 2ᵉ corps, s'était aussi vaillamment conduit, et, par la direction habile qu'il avait su
donner à 40 pièces placées sous ses ordres, il
avait changé en déroute la retraite de l'ennemi.

_____

(1) Le chef de bataillon Pissonnet de Bellefonds, qui succomba le 8 juillet, à l'hôpital de Novare. Ce brave officier,
déjà mutilé en Crimée, avait reçu trois blessures.

M. le général Cassaignolles, commandant
la brigade de cavalerie légère de la garde,
avait poussé quelques charges heureuses à la
tête de 125 chasseurs, auxquels il avait rappelé la conduite héroïque de Kellermann à
Valmy. Il enfonça les Autrichiens et les pour-
suivit jusque dans les vergers placés au delà
de Magenta.

Les soldats avaient été ce qu'ils sont toujours, admirables. Les grenadiers et les
zouaves de la garde, qui eurent, ce jour-là,
l'honneur de combattre sous les yeux de l'Empereur, montrèrent une ténacité extraordinaire. Tout le monde comprenait que la
position de Magenta était le point important
à conserver, et, de part et d'autre, l'opiniâ-
treté était grande. Nous empruntons à une
lettre du capitaine de Mutrécy (1), des zouaves de la garde, un épisode des plus saisis-
sants de ce combat :

« Aussitôt notre arrivée au pont du Tessin, on donna ordre

_____

(1) M. de Mutrécy est un jeune officier qui a gagné la
croix de chevalier de la Légion d'honneur à l'assaut de Malakoff, et dont le récit, écrit sur le champ de bataille même,
est tout empreint d'ardeur et d'enthousiasme militaires.

de mettre sac à terre et de se porter vivement à droite, sur la route de Magenta, sur une redoute de terre que les Autrichiens avaient établie pour balayer la route de Milan et le pont du Tessin. La brigade fut divisée en deux colonnes. Le 1er bataillon du 3e grenadiers fut désigné pour la première colonne d'attaque ; les trois premières compagnies du 1er bataillon des zouaves devaient appuyer le mouvement. Je faisais partie de ces compagnies... Nous avions à parcourir de vastes prairies découvertes où l'ennemi pouvait nous mitrailler. La colonne s'élança au pas de course ; peu d'instants après, grenadiers et zouaves escaladaient les parapets de la redoute, que nous prenions aux cris de vive l'Empereur ! Le mouvement avait été si rapidement exécuté, que l'ennemi n'eut pas le temps de faire usage de ses bouches à feu.

« Les Autrichiens, chassés de la redoute, vinrent en grand nombre nous attaquer. Nous étions environ 200 zouaves malgré notre petit nombre, nous fîmes quatre sorties succes-; sives, en criant à nos braves compagnons : « A la baïonnette ! » Chaque fois, l'ennemi fut forcé de se replier avec des pertes considérables. Nous n'étions pas un contre dix ; mais chaque homme en valait dix. Il fallait les voir se jeter sur les bataillons autrichiens en poussant leurs cris de guerre, chaque élan faisant une sanglante trouée ; de toutes parts, c'étaient des cris de rage et de douleur auxquels les nôtres répondaient par des cris de triomphe.

« Dans ces quatre sorties successives, nous avions malheureusement fait des pertes sensibles qui ne nous permettaient plus de prendre l'offensive avec succès. Les Autrichiens, s'apercevant que nous n'étions plus soutenus, revinrent à la charge une cinquième fois avec des forces colossales devant lesquelles nous fûmes forcés de nous retirer. Notre petite phalange se retira en bon ordre, la baïonnette au poing..... Tous, nous avions grand besoin de repos ; car, pendant plus de trois heures, nous nous étions battus sans prendre haleine. »

Sur plusieurs autres points, la lutte avait été aussi terrible, et l'ennemi, qui laissait entre nos mains tant de trophées de victoire, ne parvint à nous faire que quelques prisonniers et à nous enlever une pièce de canon, dont tous les servants avaient été tués à leur poste.

La presse autrichienne a fait grand bruit de cette pièce, la seule qui nous fut prise pendant toute la campagne ; mais elle n'a pas raconté une petite anecdote qui prouve combien les habitants de Vérone, aux yeux desquels elle fut longtemps exposée, ne se sont pas, sentis à sa vue, pénétrés d'enthousiasme pour les talents militaires des généraux autrichiens. Un matin, on trouva sur la pièce française prisonnière un écriteau : « Une pièce de canon, si belle qu'elle soit, disait-il, qui a coûté la Lombardie, a été largement payée. » L'écriteau et la pièce disparurent en même temps.

A ce sujet, nous répondrons tout d'un coup aux différentes accusations que les journaux autrichiens lancèrent contre notre armée pour justifier la leur. Nos régiments marchent toujours avec leurs drapeaux, et s'il est difficile,

même impossible de les leur prendre, c'est
que depuis le colonel jusqu'au simple fusilier,
tout le monde se fera tuer avant qu'une main
étrangère se pose sur ce symbole de la no-
blesse et de l'honneur du corps. On a dit que
nos soldats montraient trop d'animosité dans
le combat. Cette assertion de la part de gens
qui, dans le commencement de la guerre, pré-
tendaient que nous abusions de la baïonnette,
est toute naturelle. Nos soldats sont énergiques et tous pleins d'élan, il faut quelquefois
les arrêter ; mais il n'y a pas d'exemple qu'ils
aient frappé un blessé à terre ou un homme
qui se rendait, et les prisonniers ont toujours
été fraternellement traités par eux. L'empereur Napoléon III, en décidant que les prisonniers blessés seraient rendus sans échange
et sans condition, a montré qu'il entendait
que la guerre fût faite avec tous les ménagements que comporte le développement de la
civilisation. Mais, aidé de l'énergie de ses
soldats, il a frappé fort et juste, et, en peu de
temps, il a ramené la paix. A la façon dont
les généraux autrichiens font la guerre, et
pour peu qu'ils eussent trouvé devant eux un

ennemi de la même école, la question ne serait pas en chemin d'être vidée ; car, à une campagne d'action, ils auraient substitué une campagne d'occupation.

MILAN (8 *juin*).—Le feldzeugmeister Giulay, quoi qu'il en ait dit dans ses rapports à son souverain, ne battit point en retraite, mais s'enfuit du champ de bataille. Les Milanais, chez lesquels le canon de Magenta avait réveillé l'esprit d'indépendance, attendaient avec impatience le résultat de la bataille pour se soulever. Telle était la compression établie par les Autrichiens, qu'ils n'osèrent se soulever qu'après avoir acquis la certitude que leurs oppresseurs étaient vaincus. Ce ne fut qu'en voyant les colonnes en désordre bivouaquer sur la place Castello, qu'ils se prononcèrent, établirent un gouvernement provisoire, et envoyèrent une députation à Napoléon III, leur libérateur.

Bien que Milan ne soit éloigné que de 22 kilomètres environ de Magenta, où l'Empereur avait porté son quartier général dès le 4 au soir, Napoléon III ne fit son entrée dans la capitale de la Lombardie que le 8 juin à huit heures du matin. S. M. présida de sa personne au passage du Tessin par notre armée, et ce fut seulement lorsqu'elle se fut assurée que les troupes et la partie mobile des convois pouvaient marcher en avant, qu'Elle se rendit à Milan. Le roi Victor-Emmanuel l'accompagnait. Les deux souverains, à cheval à côté l'un de l'autre, furent reçus par les plus vives acclamations de ce peuple, auquel ils apportaient l'indépendance. L'enthousiasme jusqu'alors contenu des Milanais ne connut plus de bornes, et leur reconnaissance pour leur libérateur se traduisit par des marques de la plus touchante hospitalité vis-à-vis de nos soldats.

Dans deux proclamations adressées ce jour-là de la villa Bonaparte, aux Italiens et à ses soldats, mais destinées à être lues par toute l'Europe, Napoléon III explique ce qu'il est venu faire en Italie et ce qu'il veut que la guerre produise.

L'annexion de la Lombardie au Piémont, qui avait été proclamée le 6 juin par la municipalité provisoire, était un premier pas fait dans la voie d'un nouveau droit public qui

laisse les peuples arbitres de leur destinée.
L'Empereur le consacra dans les paroles qu'il
adressa aux Italiens.

« Vos ennemis qui sont les miens, leur dit-il, ont tenté de
diminuer la sympathie universelle qu'il y avait en Europe
pour votre cause, en faisant croire que je ne faisais la guerre
que par ambition personnelle ou pour agrandir le territoire
de la France.

« S'il y a des hommes qui ne comprennent pas leur époque,
je ne suis pas du nombre. Dans l'état éclairé de l'opinion
publique, on est plus grand aujourd'hui par l'influence morale qu'on exerce que par des conquêtes stériles, et cette influence morale, je la recherche avec orgueil en contribuant à
rendre libre une des plus belles parties de l'Europe..... Je ne
viens pas ici avec un système préconçu pour déposséder les
souverains ni vous imposer ma volonté ; mon armée ne s'oc-
cupera que de deux choses : combattre vos ennemis et maintenir l'ordre intérieur ; elle ne mettra aucun obstacle à la
libre manifestation de vos vœux légitimes... Unissez-vous
donc dans un seul but : l'affranchissement de votre pays...
Ne soyez aujourd'hui que soldats ; demain, vous serez ci-
toyens libres d'un grand pays. »

Toutes les notes diplomatiques n'en ont
jamais dit autant et surtout ont rarement
parlé un langage plus franc. L'Empereur
constatait la froideur de l'Europe pour une
cause juste à un double titre : la nationalité
italienne et le droit imprescriptible de la

France de garantir ses frontières des empiétements toujours menaçants de l'Autriche. Son langage à ses soldats complétait son adresse aux Italiens, et, de plus, montrait que la pensée de la guerre était partie de Vienne et non des Tuileries. Nous reproduisons dans son entier la proclamation impériale à l'armée :

« Soldats !

« Il y a un mois, confiant dans les efforts de la diplomatie, j'espérais encore la paix, lorsque tout à coup l'invasion du Piémont par les troupes autrichiennes nous appela aux armes. Nous n'étions pas prêts. Les hommes, les chevaux, le matériel, les approvisionnements manquaient, et nous devions, pour secourir nos alliés, déboucher à la hâte, par petites fractions, au delà des Alpes, devant un ennemi redoutable et préparé de longue main.

« Le danger était grand ; l'énergie de la nation et votre courage ont suppléé à tout. La France a retrouvé ses anciennes vertus, et, unie dans un même but comme en un seul sentiment, elle a montré la puissance de ses ressources et la force de son patriotisme. Voici dix jours que les opérations ont commencé, et déjà le territoire piémontais est débarrassé de ses envahisseurs.

« L'armée alliée a livré quatre combats heureux et remporté une victoire décisive qui lui ont ouvert les portes de la capitale de la Lombardie. Vous avez mis hors de combat plus de 35,000 Autrichiens, pris 17 canons, 2 drapeaux, 8,000 prisonniers ; nous aurons encore des luttes à soutenir, des obstacles à vaincre.

« Je compte sur vous. Courage donc, braves soldats de l'armée d'Italie ! Du haut du ciel, vos pères vous contemplent avec orgueil ! »

Le 7 juin au soir, l'Empereur ayant appris que les Autrichiens se fortifiaient à San-Juliano et à Melegnano (Marignan), sur la route de Lodi, donna l'ordre au maréchal Baraguey d'Hilliers d'aller les déloger de ces deux postes importants. Le maréchal duc de Magenta était mis à la disposition du commandant en chef du 1er corps pour cette opération qui devait être poussée avec vigueur et terminée dans la journée du 8.

A cinq heures et demie du soir, le maréchal Baraguey d'Hilliers arrivé à 1200 mètres environ de Melegnano, fit attaquer par la division Bazaine appuyée par la division Ladmirault et la division Forey. A sept heures les troupes du général Benedeck étaient en fuite laissant entre nos mains 1 canon, 900 prisonniers et 1200 blessés. Nos pertes s'élevaient à 943 tués et blessés

Le 1er de zouaves, qui s'était couvert de gloire, comptait pour beaucoup dans ce chiffre;

il avait perdu six officiers, son colonel, M.
Paulze d'Ivoy; trois capitaines MM. de la
Chevardière de la Granville, Massénat et
Brice de Ville, un lieutenant M. Sériot et un
sous-lieutenant M. Berthier. 26 officiers
avaient en outre été touchés par le feu de
l'ennemi. (1) Dans la troupe, le nombre des
tués s'élevait à 106, celui des blessés à 426 et
celui des disparus à 48.

Le 33e de ligne, dont l'aigle avait été un
instant compromis et vaillamment défendu,
avait aussi payé un large tribut à la gloire.
Cinq officiers étaient restés sur le champ de
bataille : le capitaine Combes, les lieutenants
Charpine et Carbuccia, les sous-lieutenants
Bonnel et André. Onze officiers avaient été
blessés, parmi lesquels le colonel Bordas et le
lieutenant-colonel.

Les généraux Bazaine et Goze avaient été
légèrement contusionnés, et le maréchal, qui
n'a pas l'habitude de se ménager, avait vu

(1) Parmi eux, les sous-lieutenants Lafitte et Basset suc-
combèrent quelques jours après des suites de leurs blessures.

tomber à côté de lui le maréchal-des--logis Franchetti son porte-guidon.

Ce nouveau succès décida la retraite définitive des Autrichiens sur l'Adda. Ils évacuèrent Plaisance après avoir fait sauter la citadelle. Ils se retirèrent aussi des États romains, rappelant leurs garnisons de Bologne, de Ferrare et d'Ancône.

Ainsi, depuis le commencement de la campagne, les alliés avaient battu six corps de l'armée autrichienne, savoir : celui du général Urban, défait et complétement dispersé par les volontaires de Garibaldi . — A Magenta , ceux de Klam-Gallas, Zobel, Schwarzenberg et Lichtenstein, et enfin celui de Benedeck à Marignan.

III.

SOLFERINO.

Au moment de tirer l'épée, l'Autriche avait dit avec une confiance que rien, dans

son passé militaire, ne pouvait justifier :
« Nous avons trois arguments irrésistibles :
l'infanterie, la cavalerie et l'artillerie. » Elle
oubliait sans doute que ses armes n'avaient
jamais été heureuses contre la France. Elle
oubliait sans doute aussi qu'en 1848, elle
n'avait vaincu le Piémont que parce que en
Hongrie, la Russie lui prêta, d'une part, un
secours efficace, et que, de l'autre, Ianko et
Jellachich, mécontents de l'orgueil des Ma-
gyares, abandonnèrent leur cause.

Mais l'ingratitude avait effacé de la mé-
moire de François-Joseph le service que la
Russie lui avait rendu. En considérant les
gros effectifs de son infanterie, qui manœuvre avec une précision mathématique ; au
souvenir des éloges prodigués par des officiers
de toutes les nations de l'Europe aux escadrons et aux batteries rassemblés chaque
année dans les camps de Pesth et d'Ollmütz, il
a pu s'illusionner sur la valeur réelle de son
armée : mais l'heure des déceptions a sonné :
partout où l'armée autrichienne est entrée en
lice, elle a été vaincue : à Montebello, à Palestro, à Turbigo, à Magenta et à Marignan.

Elle n'a pu même résister aux troupes légères de Garibaldi.

Le feldzeugmeister Giulay, généralissime des armées autrichiennes en Italie, qui avait besoin d'une nouvelle bataille pour relever sa réputation militaire, est disgracié et remplacé par le général de cavalerie Schlick. Mais une nouvelle bataille, sans disculper le comte Giulay, augmentera le péril de la maison d'Autriche.

Les troupes françaises et piémontaises sont commandées par Napoléon III et Victor-Emmanuel, et leur présence électrise le soldat. François-Joseph, pour relever le courage de ses fidèles régiments, vient prendre en personne la direction de ses armées; mais, en imprimant plus de ténacité à la résistance, il accélérera sa perte : la victoire, devenue plus difficile, donnera plus de poids et d'efficacité à la défaite.

Enfin, toutes les réserves sont appelées, de nouvelles levées sont ordonnées, et les diplomates autrichiens pèsent de toute leur habilité sur la Prusse et redoublent d'efforts pour que la Confédération germanique apporte dans la balance l'appoint de sa formidable armée.

De son côté, l'empereur Napoléon III est résolu à en finir promptement. L'armée française a reçu de ses dépôts le complément d'effectif que la précipitation du départ lui a fait une nécessité de laisser en arrière. Les parcs de siége se concentrent à Suze, à Alexandrie et à Tortone. Une flottille de canonnières qui peuvent se démonter et être facilement transportées sur des chariots du train des équipages, s'organise à Toulon, sous les ordres du contre-amiral Dupouy. Le blocus de Venise est rendu plus rigoureux et une expédition se prépare contre elle. Le corps du prince Napoléon (1) reçoit l'ordre de marcher dans la direction de Mantoue, par Lucques, Massa, Pontremoli et Parme, tandis que la division toscane, réorganisée par les soins du prince, suit la route du col de l'Abetone : M. de Béville, aide de camp de l'Empereur et investi du commandement militaire de Milan,

(1) Moins la division d'Autemarre qui était restée à la grande armée.

est chargé d'organiser une nouvelle légion étrangère, et les états-major de l'armée sont mis au complet.

La mort glorieuse de M. le général Cler et la nomination de MM. Wimpfen et Decaen au grade de général de division, ont laissé vacant, dans la garde impériale, le commandement de trois brigades d'infanterie. Par une pensée pleine de grandeur et qui prouve avec quelle sollicitude l'Empereur veille à ce que toutes les gloires de notre jeune armée soient représentées dans sa garde, S. M. a voulu que les trois généraux qu'elle désignait pour la commander, rappelassent chacun une des trois premières victoires remportées par nos troupes sur les Autrichiens.

M. le général Blanchard, qui s'est distingué au combat de Montebello, est appelé au commandement de la 2e brigade de grenadiers ; M. Picard, de la 2e brigade de la division Renault, du 3e corps, si éprouvée à Magenta, est appelé à la 2e brigade de voltigeurs ; enfin, M. Niol, de la 1re brigade de la 2e division du 1er corps, dont la conduite à la prise de Marignan a été remarquée de tous, passe à la tête de la 1re brigade de grenadiers.

Le général Decaen remplace le général Espinasse à la 2e division du 2e corps. Les deux brigades vacantes dans la 1re division du 1er corps sont placées sous le commandement des généraux Dieu et d'Alton, nouvellement promus. Enfin, la brigade de cavalerie du 4e corps, dont le chef, M. de Richepance, a été nommé général de division, est confiée à M. de Rochefort, appelé de France.

Le colonel Besson remplace M. de Senneville, comme chef d'état-major auprès de M. le maréchal Canrobert. Les régiments privés de leurs chefs, soit par suite de décès, soit par suite de promotions, sont pourvus de colonels, savoir :

2e grenadiers, M. Chardon de Chaumont, colonel du 80e.

2e voltigeurs, M. Courson de Villeneuve, colonel du 8e de ligne.

8e de ligne, M. Waubert de Genlis, lieutenant-colonel du 45e.

11e — M. Porrion, lieutenant-colonel des zouaves de la garde.

34ᵉ de ligne, M. Pinard, lieutenant-colonel
    du 55ᵉ.

74ᵉ   —   M. Roudière, lieutenant-co-
    lonel du 90ᵉ.

78ᵉ   —   M. Barry, lieutenant-colonel
    du 14ᵉ.

80ᵉ   —   M. de Solignac, lieutenant-
    colonel du 23ᵉ.

90ᵉ   —   M. Guilhem, lieutenant-colo-
    nel du 2ᵉ grenadiers de la
    garde

91ᶜ   —   M. Abattucci, lieutenant-co-
    lonel du 52ᵉ.

1ᵉʳ zouaves, M. Brincourt, lieutenant-colonel du régiment.

2ᵉ étranger, M. Signorino, lieutenant-colonel du 1ᵉʳ voltigeurs de la garde.

D'un autre côté, l'Empereur prouvait par
tous ses actes qu'en voulant donner l'indépendance à l'Italie, il n'entendait pas plus favori-
ser les espérances du parti ultra-libéral que
celles plus ambitieuses d'une autre catégorie
d'utopistes qui rêvaient l'édification d'une
sixième grande puissance. Le roi de Naples
était mort. Les négociations diplomatiques fu-

rent aussitôt reprises avec son successeur. Aucune circonstance n'était négligée pour montrer le respect de la France pour le pouvoir temporel du pape. Enfin, suivant pas à pas le programme tracé par la brochure de *Napoléon III et l'Italie*, il travaillait à la reconstitution de l'Italie septentrionale, barrière indispensable entre l'Empire Français et l'Empire d'Autriche.

Le 12 juin, une partie de l'armée française passa l'Adda sans coup férir à la hauteur de Cassano, où fut établi le grand quartier général. L'armée sarde passa le fleuve à la hauteur de Vaprio.

Le 17, l'Empereur était à Travigliato. Le 18, il entrait à Brescia. Enfin, le 21 juin, l'armée occupait Lonato, Castiglione et Montechiaro. Un fait aussi surprenant qu'inattendu venait de se produire Les Autrichiens, qui occupaient sur la Chieza des positions formidables et qu'ils avaient renforcées par d'immenses travaux, avaient détruit leurs ouvrages et s'étaient repliés sur le Mincio. Quelques jours après la bataille de Solferino, le *Times*, expliquant la tactique des Autri-

chiens, s'écriait : « Pourquoi donc ceux qui
perdent avec tant de vaillance les batailles, ne
peuvent-ils pas en gagner ? Parce que , malheureusement pour eux, la science, c'est aujourd'hui la puissance, et que leur science est
celle du passé. Ce sont des gens fort respecta-
bles, sans doute, mais à l'état stationnaire. Ils
sont gouvernés, et dirigés par de vieilles rè-
gles, de vieilles gens, une vieille routine. Ils
ont devant eux un ennemi qui ne donnerait
pas un centime pour l'ancienne méthode, et
qui ne se sent pas au-dessus des moyens les
plus irréguliers de gagner une victoire. L'empereur d'Autriche se résout à faire une magnifique manœuvre stratégique à la Louis XIV.
Il essaie une vieille surprise, traverse le Mincio avec toutes ses forces et le repasse de nouveau avec 200 mille hommes, dans l'intention
de surprendre son ennemi à neuf heures du
matin. L'empereur des Français, qui représente la jeune école, l'école irrégulière, se re-
fuse de la façon la plus inconvenante à se
laisser surprendre. Il a recours à un bizarre
expédient, que pas un seul vétéran de soixante-
douze ans ne voudrait employer : il fait mon-

ter un homme dans un ballon (1), et grâce
à quelques aunes de soie et à quelques mètres
cubes de gaz, il apprend la position précise de
ces masses profondes, si savamment rangées
pour venir le surprendre à neuf heures du matin. Homme de son temps, il ne fait fi d'aucun
moyen et il devient ainsi maître de la position.
Il sait ce qui va se passer, où se trouvent ses
adversaires, quel en est le nombre; et tandis
que le pesant Autrichien, si content de lui-
même, sourit à l'idée de cette fameuse surprise, fixée juste à neuf heures du matin, il
attaque, lui, à l'aube du jour, choisit son
temps et son point d'attaque, ce qui le rend
maître du champ de bataille. »

Cette amusante critique de la manœuvre autrichienne par un journal anglais, peu porté à
la partialité pour la France et son souverain,
servira de document à l'histoire.

---

(1) L'aéronaute Godard a été, en effet, plusieurs fois em-
ployé par le grand quartier général. Mais le spirituel correspondant du *Times* semble ignorer que, sous la république
française, deux compagnies d'*aérostiers militaires* furent or-
ganisées, et que, sous le commandement du capitaine Cotelle,
elles fonctionnèrent au siége de Mayence et à la bataille de
Fleurus.

Le 23 juin, au matin, l'Empereur se rendit à Lonato, et dirigea, de concert avec le roi Victor-Emmanuel qui avait son quartier général à Desenzano, une grande reconnaissance sur le lac de Garde. La veille, pendant que le gros de l'armée passait la Chieza, le capitaine de Contenson, du 1er chasseurs d'Afrique, avait déjà reconnu cette portion de terrain, et avait enlevé dans le voisinage de Peschiera une patrouille de cavalerie ennemie.

Le 23, au soir, la ligne de campement de l'armée alliée s'étendait sur une longueur de quinze kilomètres du Nord-Est au Sud-Ouest, presque en ligne droite, de Desenzano, sur les bords du lac de Garde, à Mezzane, en deçà de la Chieza. Les différents corps étaient placés, au delà de la Chieza : à Desenzano, le roi Victor-Emmanuel ; à Esenta, le maréchal Baraguey-d'Hilliers ; à Castiglione, le duc de Magenta ; à Carpenedolo, le général Niel, enfin, à Mezzane, le maréchal Canrobert, le seul qui n'eût pas traversé la Chieza et qui devait le faire dès le lendemain, deux heures et demie du matin, sur un pont que construisait à trois kilomètres au-dessous, à Vizano, le génie piémontais, sous la protection de la brigade Janin. La garde était campée autour du grand quartier général à Montechiarro. Le roi Victor-Emmanuel avait détaché, en outre, une division pour surveiller, du côté de Brescia, la descente des Alpes, et notre droite était protégée par le mouvement de concentration du 5e corps vers Casal-Maggiore.

Le Mincio, à peu près distant de quinze kilomètres de la Chieza, lui est parallèle. L'empereur d'Autriche, qui avait établi son quartier général à Valeggio, sur la rive gauche, à dix kilomètres de Peschiera, fit passer le fleuve à ses troupes par ces deux derniers points et aussi par Mozanbano et Goïto ; l'aile droite, composée de la 2e armée, sous les ordres du comte Schlick, s'avançant jusqu'à Pozzolengo, Solferino, et Cavriana ; l'aile gauche, aux ordres du comte Wimpfen, de la 1re armée, occupant Guidizzolo et Castelgoffredo. Comme on peut s'en convaincre par l'examen de la carte, la ligne de bataille autrichienne formait une diagonale dans la plaine presque carrée qui s'étend entre les deux fleuves. Elle refusait sa droite en s'ap-

puyant sur Peschiera et prolongeait sa gauche sur la Chieza, en vue d'enclaver l'armée
combinée dans un triangle dont elle voulait
former la base et dont les deux côtés étaient
la Chieza et la ligne du chemin de fer de
Brescia à Vérone.

L'armée française, qui avait fait séjour dans
ses cantonnements et s'était reposée, avait
reçu des ordres de départ pour deux heures et
deux heures et demie du matin. Les points de
direction avaient été soigneusement fixés pour
éviter tout fâcheux encombrement de route,
comme cela avait eu lieu à Magenta. Arrivé
sur son objectif chaque corps avait ordre de
s'arrêter. Les Sardes devaient se diriger sur
Pozzolengo ; le 1er corps sur Solferino, le 2e
sur Cavriana ; le 4e sur Guidizzolo ; le 3e sur
Médole : la garde impériale, conservant sa
distance, avait ordre de prendre position à
Castiglione désigné comme nouveau grand
quartier général, et les deux divisions de cavalerie des 1er et 3e corps réunis devaient occuper la plaine entre Solferino et Médole.
Comme on le voit, les deux armées marchaient
l'une sur l'autre, ayant les mêmes objectifs.

Le choc fut terrible et presque instantané.
En moins d'une demi-heure, de Rivoltella à
Castelgoffredo, le feu s'alluma sur une étendue de plus de trois lieues. Ce fut le général
Forey, du corps du maréchal Baraguey-d'Hilliers, qui rencontra le premier l'ennemi sur
les hauteurs du Monte di Valscura. Deux
compagnies du 17e chasseurs à pied et deux
bataillons du 84e le débusquèrent, le poussant
ensuite en dehors du village de Grole. Les positions que le 1er corps avait devant lui se
composaient d'une suite de collines très-éle-
vées au bout desquelles apparaît une dernière
plus élevée encore et dominée par une tour :
c'est Solferino. Il était alors cinq heures et le
maréchal duc de Magenta qui, au bruit du canon
du 1er corps, voulait prononcer son mouvement sur Cavriana, fut forcé d'attendre que le
4e et le 3e eussent complétement opéré le cir-
cuit qu'ils avaient à faire pour se trouver en
ligne. L'Empereur étant arrivé auprès du duc
de Magenta, mit à sa disposition, comme réserve, la cavalerie de la garde impériale. Elle
fut sur-le-champ mise en bataille à la droite
du 2e corps et à huit heures et demie M. de

Mac—Mahon faisait attaquer la ferme de Casa-Marino.

Pendant ce temps, le maréchal Canrobert, parti de Mezzane à deux heures et un quart, avait passé la Chieza à Vizano, rencontrait l'ennemi à sept heures à Castelgoffredo, l'en chassait et arrivait à neuf heures à Médole d'où l'ennemi avait été débusqué deux heures avant par la division de Luzy du 4e corps. Le général Niel était aux prises avec l'ennemi. Le général de Luzy enlevait Ceresara; la brigade Douai chassait l'ennemi de Robecco sur la route de Guidizzolo, et enfin le général Vinoy, avec huit pièces de la division de Luzy, déblayait la droite de la route de Goïto.

Le maréchal Canrobert, assis fortement à Médole, surveillait la route de Mantoue d'où l'on annonçait l'arrivée d'un corps de 30,000 hommes (1) et pouvait, en cas d'absolu besoin, prêter la main au général Niel.

Tout allait donc bien, et l'Empereur, après avoir assuré toutes les éventualités de ce côté,

----

(1) Ce corps ne parut point sur le champ de bataille, inquiété qu'il était lui-même par le mouvement de concentration du 5e corps.

se porta sur les attaques du premier corps.
Là l'ennemi avait été délogé du Mont-Fenile
par la brigade Dieu qui s'avançait toujours
de crête en crête sur Solferino. Mais l'ennemi
augmente toujours. Le général Dieu, gravement blessé, remet le commandement au
colonel Cambriels du 84e. A la voix de l'Empereur, la brigade d'Alton s'élance à son tour.
Le général Forey charge à sa tête. Le 91e fait
des prodiges de valeur. Le colonel Abattucci
a deux chevaux tués sous lui, le lieutenant-
colonel Vallet et deux chefs de bataillon
tombent blessés. Le lieutenant de Guiseuil,
qui porte le drapeau du régiment, et sa garde,
sont entourés un moment par les Autrichiens.
Cette poignée de braves se défend avec un
courage héroïque. Deux fois les projectiles
brisent le manche de l'étendard dans les mains
de son défenseur, deux fois il dispute aux
Autrichiens ce glorieux débris. Un coup de
feu l'atteint à la cuisse ; il roule à terre en
serrant sur sa poitrine l'honneur du régiment.
L'ennemi se rue sur lui pour arracher ce
lambeau ; un vieux sergent, décoré en Crimée, plus leste et plus audacieux, ne fait

qu'un bond et ressaisit ce glorieux trésor. Un feu de mitraille et de mousqueterie décime ces braves gens de front et d'écharpe. Les balles arrivent jusque dans l'état-major de l'Empereur. Le cheval du baron Larrey est tué ; le commandant Verly, des cent-gardes, est renversé par un projectile qui l'atteint en pleine cuirasse. Sa Majesté, admirable de sang-froid, suit les différentes phases de la lutte et contient l'ardeur de la division Camou (voltigeurs et chasseurs à pied de la garde), placée derrière lui. Enfin, Elle juge que le moment est venu, et, se retournant vers le vieux chef de cette admirable troupe :

« Allons, général, faites-moi enlever çà à la baïonnette par mes voltigeurs ! »

Et la brigade Manèque s'ébranle aux cris de Vive l'Empereur. La charge est battue, et après une lutte opiniâtre, le mamelon des Cyprès et la tour qui domine Solferino sont entre nos mains.

La 1re brigade des voltigeurs de la garde avait pris à l'ennemi des prisonniers en grand nombre, 13 canons et un drapeau enlevé par le caporal Montellier des chasseurs à pied (1). Le lieutenant Moneglia, du même corps, s'était emparé de 4 pièces attelées, commandées par un colonel qui lui avait remis son épée.

Le général Forey, blessé dans cette attaque, était resté à cheval.

Au centre, le duc de Magenta, manœuvrant avec cette sûreté de coup d'œil dont il avait donné de si beaux exemples depuis le commencement de la campagne, avait pris les dispositions suivantes :

(1) L'épisode suivant, emprunté à la guerre de Crimée, apporte une illustration trop éclatante au bataillon de chasseurs à pied de la garde pour que nous le passions sous silence. Le commandant Cornulier de Lucinière, emporté le 8 septembre par son ardeur et suivi seulement de quelques officiers et soldats, arrive sur le petit Redan. La mitraille et la fusillade arrêtaient le reste de la colonne : le commandant de Lucinière veut immédiatement, sous les yeux des Russes, prendre possession de cet important ouvrage. La ceinture bleue du caporal sapeur Joubert, un mouchoir blanc fourni par le lieutenant Lagranié et un lambeau de foulard rouge sont attachés à la grenadière d'une carabine aussitôt fichée dans le sol. Quelques minutes après, l'aigle des chasseurs arrivait avec le gros du bataillon ; mais le commandant de Lucinière était tombé sous les couleurs de la France qu'il venait d'improviser.

Les chefs de bataillon Garnier et Clinchant, qui commandèrent après lui les chasseurs de la garde, ont conservé précieusement à côté de leur aigle la carabine et les glorieux lambeaux criblés par la mitraille.

La 2e division (général Decaen) marchait en tête de colonne perpendiculairement à la route de Mantoue, sa droite à cette route ; la 1re brigade de la 1re division (général Lefèvre) prolongeait la ligne de bataille de l'autre côté de la route, sa droite se dirigeant vers Médole, d'où venait le général Niel. Enfin, la 2e brigade de la 1re division (général de Bonnet-Maureilhan-Polhès) était placée en arrière comme réserve avec le 7e chasseurs à cheval (colonel Savaresse) sur la gauche, reliant le 2e corps au premier et empêchant toute tentative de l'ennemi.

Une forte colonne autrichienne s'étant présentée de ce côté venant de Guidizzolo et précédée d'une nombreuse artillerie, le général Auger porte immédiatement, et avec une grande décision, sur la ligne des tirailleurs, les quatre batteries divisionnaires du 2e corps (1). Leur feu, habilement dirigé, fait sauter les caissons de l'artillerie ennemie, met le désordre dans son infanterie et le

---

(1) 12e du 7e régiment ; 11e du 11e rég.; 2e du 9e rég., et 13e du 13e rég.

force à se reporter vivement en arrière. C'est en plaçant ces batteries que le général Auger eut le bras gauche emporté par un boulet. L'Empereur le nomma général de division sur le champ de bataille (1).

Le 4e et le 7e chasseurs à cheval repoussaient trois charges successives de la cavalerie ennemie, et la rejetaient dans le plus grand désordre sur les bataillons de gauche de la 2e division formés en carrés (11e bataillon de chasseurs, commandant Dumont; 72e de ligne, colonel Castex), qui en firent un grand carnage.

Les divisions Partouneaux et Devaux chargèrent aussi vigoureusement l'ennemi, ainsi que la brigade Cassaignolles (cavalerie légère de la garde). Ce grand déploiement de cava-

---

(2) Ce remarquable officier ne put supporter l'amputation et succomba quelques jours après. Il était né en 1809 et sorti de l'Ecole Polytechnique en 1831. Bien que simple capitaine, il avait été appelé, en 1848, à la direction du service de l'artillerie au ministère de la guerre. Après avoir servi avec distinction en Algérie, il fut appelé, en 1855, en qualité de colonel, à remplir les fonctions de chef d'état-major de l'artillerie de siége à l'armée d'Orient. Général de brigade le 14 juillet 1856, il commandait au moment de la guerre l'artillerie de la 1re division militaire à Paris.

lerie sur la droite du maréchal de Mac-Mahon, avait surtout pour but d'empêcher les Autrichiens de pénétrer dans notre ligne de bataille par la solution de continuité qui séparait le 2ᵉ corps du 4ᵉ. Les efforts généreux de ces brillants régiments furent couronnés d'un plein succès, et le bilan de leurs pertes prouve assez qu'ils s'étaient prodigués dans cette glorieuse journée (1). C'est dans une de ces brillantes charges, que M. Laurans des Ondes, lieutenant-colonel du 5ᵉ hussards, reçut le coup mortel, et que M. le commandant de Larochefoucault, des chasseurs d'Afrique, emporté par son ardeur au milieu d'un bataillon autrichien, fut fait prisonnier.

M. le général Niel avait marché dans l'ordre suivant : La division Vinoy à l'extrême gauche pivotant sur la Casa-Nova et se reliant avec la droite du 2ᵉ corps ; à l'extrême droite du village de Robecco, la division de Luzy, et enfin, au centre, le général de Failly avec sa première brigade (général O'Farell). La ré-

(1) Les deux divisions réunies perdirent 8 officiers tués, 4 prisonniers, 63 soldats tués et 42 prisonniers ; 63 officiers et 181 hommes de troupes avaient été blessés.

serve était formée par la brigade Saurin. Le commandant en chef du 4ᵉ corps voulait s'emparer de Guidizzolo, pour couper la retraite, soit sur Goïto, soit sur Volta, aux masses qui occupaient la plaine. Il lui aurait fallu, pour réussir, le concours presque intégral des troupes du maréchal Canrobert ; mais ce dernier, dans l'ordre général de bataille, avait pour mission de protéger le flanc et les derrières de notre armée, et son devoir était de ne s'engager qu'avec la plus grande réserve. M. le maréchal Canrobert, dans cette circonstance, ne se montra point au-dessous de son passé et remplit les ordres qui lui avaient été donnés par son souverain, tout en mettant successivement à la disposition des attaques du chef du 4ᵉ corps, la presque totalité de ses troupes. On peut s'en convaincre par la lecture attentive des rapports des chefs des 3ᵉ et 4ᵉ corps.

Certes, la lutte était formidable du côté de Guidizzolo et de Robecco ; mais les cinq divisions d'infanterie qui s'y trouvaient n'eurent pas de plus grands obstacles à surmonter que ceux que rencontrèrent de Grole à Solferino le

1er corps et les voltigeurs de la garde impériale. Si nous insistons fortement sur ce point, c'est pour prouver qu'une victoire se compose de la résultante des efforts combinés de tous les éléments qui forment une armée, et qu'au chef suprême appartient seul de modifier les proportions et le plan de la lutte. Qu'un lieutenant accélère ou ralentisse son mouvement suivant les événements, qu'il reste maître des voies et moyens d'exécution ; cela est fort juste, et c'est dans ce cercle que s'exercent son initiative et son génie particuliers.

Le mouvement s'était prononcé victorieusement sur toute la ligne. La division Ladmirault (2e du 1er corps), qui, en attaquant le mamelon des Cyprès, avait eu son chef blessé de deux balles et était passée sous le commandement du général de brigade de Négrier, avait triomphé des derniers obstacles grâce au puissant appui de la division Bazaine (3e du 1er corps). Successivement, tous les régiments de cette vaillante division (1), furent lancés

(1) Moins le 33e régiment, qui formait la garnison de Brescia.

sur un cimetière crénelé placé en arrière du mamelon des Cyprès. Après le 1er de zouaves, (colonel Brincourt), vint le 34e (colonel Pinard), puis le 37e, et enfin le 78e (colonel Barry), dont le 3e bataillon, sous les ordres du commandant Lafaille, emporta la position qui fut définitivement occupée par la garde impériale.

Au centre, le maréchal de Mac-Mahon avait lancé le 45e de ligne (colonel Manuelle), sur San-Casiano, et les tirailleurs algériens (colonel Laure), qui parvinrent jusqu'à Cavriana. Mais, sous un vigoureux retour offensif des Autrichiens, ces deux braves régiments, qui avaient déjà beaucoup souffert, plient un instant ; le 72e, de la brigade Gault, aux ordres du colonel Castex, un intrépide soldat qui a laissé un bras en Crimée, vint leur apporter un puissant secours. Toutefois, il faut encore donner un vigoureux effort ; le 2e bataillon du 65e et le 70e s'avancent, et lorsque les voltigeurs de la garde, couronnant les hauteurs de Solferino, arrivèrent à Cavriana, ils y trouvèrent les tirailleurs algériens formant la tête de colonne du 2e corps.

La division Decaen avait agi avec autant
de bonheur, et vers six heures et demie l'ennemi était en retraite dans toutes les direc-
tions, devant le 1er et le 2e corps.

Restait donc la droite de l'armée, encore
aux prises avec les lignes autrichiennes. Les
divisions Luzy, Vinoy et de Failly, malgré des
prodiges de valeur, après une lutte de douze
heures sur un terrain complétement dépourvu
d'eau, ne parvenaient qu'à la fin du jour à occuper définitivement leurs positions. Vers
les trois heures de l'après-midi, lorsque, ras-
suré sur sa droite, et ayant jugé par lui-même
la position du 4e corps, le maréchal Canrobert
fit avancer la division Renault sur Robecco, et
donna ordre au général Bataille (19e chasseurs à pied, commandant Letourneur; 43e de
ligne, colonel Broutta; 44e, colonel Pierson),
de se rendre entre Casanova et Baete, sur le
point où se dirigeaient les plus redoutables
attaques de l'ennemi.

« A quatre heures, dit le maréchal Canrobert dans son rapport, cette brigade entrait en
ligne, les bataillons en colonne serrée par division, dans l'ordre d'échiquier que je leur

prescrivis sur le terrain ; l'aile gauche re-
fusée et l'artillerie à portée d'agir efficace-
ment. Ce renfort permettait au général Niel
de prononcer un mouvement offensif qui a
d'abord repoussé l'ennemi ; mais celui-ci
ayant opéré un retour, la brigade Bataille a
été lancée de nouveau, et, conduite avec un
admirable entrain par le général Trochu, a
refoulé définitivement l'ennemi, qui n'a plus
reparu. »

M. le général Niel rendit aussi un éclatant
hommage à la manière brillante dont le général Trochu conduisit ses troupes : « Avec autant d'ordre et de sang-froid, dit-il, que sur
un champ de manœuvres, il enleva à l'ennemi
une compagnie d'infanterie et deux pièces de
canon, et arriva jusqu'à demi-distance de la
Casanova, à Guidizzolo. »

Au moment où le général Niel allait essayer
de tenter, malgré l'heure avancée de la journée, le mouvement sur Volta et Goïto, dont
nous parlions plus haut, un orage, précédé
de tourbillons de poussière et accompagné
d'une pluie torrentielle et d'éclairs nombreux,
creva au-dessus des deux armées et, en les

plongeant dans l'obscurité, favorisa la fuite
des bataillons autrichiens. Malgré la tem-
pête, notre artillerie ne cessa de leur envoyer
une grêle de projectiles creux qui les incom-
modaient beaucoup. Le général Soleille, commandant l'artillerie du 3e corps , avec 42
pièces des divisions et de la réserve, leur fit
beaucoup de mal. Des lettres d'officiers d'artillerie présents à Solferino, assurent que les
pièces lançaient cinquante boulets à l'heure
à une distance de 2,200 mètres, et cela, avec
une rectitude de tir d'une précision mathématique.

Néanmoins, le centre seul de l'armée autrichienne avait été enfoncé; et, du côté des
Piémontais, si l'avantage ne lui était pas complétement resté, son mouvement de retraite
avait été bien plus la conséquence de sa défaite
à Solferino que le résultat de la valeur dé-
ployée par nos courageux alliés. Les bulletins
autrichiens sont dépourvus de forfanterie.
« Malgré nos efforts, mandait-on de Vérone à
Berlin, le 25 juin, il n'a pas été possible de
rétablir nos positions du centre. Des pertes
extrêmement fortes, un développement ex-

traordinaire des forces de l'ennemi en face de l'aile gauche, un orage violent qui venait d'éclater, et, enfin, un mouvement du centre principal de l'armée ennemie vers Volta, firent décider la retraite, qui n'a commencé que très-tard dans la soirée. »

Une légende populaire, comme il s'en forme dès le lendemain de tous les grands événements, a voulu que François-Joseph, arrêté à Volta à la tombée de la nuit, ait considéré en pleurant l'immense plaine où son armée fuyait sous la pluie et la mitraille. Cette scène symbolique, née bien certainement dans l'imagination de quelque rêveur philosophique, nous l'acceptons pour vraie, et la soirée du 24 juin a dû influer sur la détermination rapide de l'empereur d'Autriche à accepter les préliminaires de la paix de Villafranca. Les larmes de François-Joseph étaient le dernier adieu de la maison de Hapsbourg aux riches cités de la Lombardie.

Dans cette mémorable journée, l'Autriche avait engagé sept corps d'armée (1er, 4e, 5e, 7e, 8e, 9e et 11e). Les effectifs des régiments étant de 4.000 hommes et un corps d'armée en comprenant 8 ou 12, plus 2 ou 3 bataillons de chasseurs de 1,000 hommes, en tenant compte des pertes déjà éprouvées, chaque corps d'armée, y compris son artillerie, son génie et sa cavalerie, peut être évalué à 30,000 hommes. Ce qui représente un effectif de 210,000 hommes, auxquels il fallait en ajouter 20,000 pour les réserves. (1re brigade du 6e corps. La cavalerie du comte de Zedwitz et l'artillerie et la cavalerie dites de réserve.)

L'armée française, dont les régiments sont beaucoup moins forts, et qui n'était composée que de cinq corps (la garde impériale comprise), ne présentait que 90,000 baïonnettes et 9,000 chevaux; mais elle était pourvue d'une artillerie nombreuse et bien approvisionnée. Nous avons parlé plus haut de sa supériorité de tir. L'armée sarde était à peine forte de 40,000 hommes. 385,000 hommes environ s'entrechoquèrent donc le 24 juin : 235,000 appartenaient à l'Autriche ; mais les gros effectifs, lorsqu'ils dépassent un certain nombre, ne doivent pas être considérés comme un avantage bien considérable, s'ils ne sont pas commandés par un général de premier ordre.

Voici, d'après les rapports des chefs de corps, les chiffres de nos pertes dans la journée du 24 juin, qui prit le nom de bataille de Solferino.

1er corps. — Tués et blessés : officiers, 234; soldats; 4,000.

2e corps. — Tués : 19 officiers, 192 soldats; blessés : 95 officiers, 1,266 soldats, disparus : 300.

3e corps. — Tués : 3 officiers; blessés : 12 officiers; 235 soldats tués et blessés.

4e corps. — Tués : 38 officiers; 135 soldats; blessés, 523 officiers, 3,241 soldats; disparus : 3 officiers, 699 soldats.

Ce qui, joint aux pertes de la cavalerie, que nous avons indiquées plus haut, fournit un total, pour les quatre corps, de 11,246 hommes tués, blessés ou disparus. La relation officielle fournie par le grand quartier général, portant le nombre des hommes manquant à l'appel à 12,000, on doit en tirer la conséquence que la garde impériale, pour laquelle le chiffre des hommes mis hors de combat n'avait pas été déterminé dans le rapport du maréchal Regnaud de Saint-Jean

d'Angély, comptait 754 officiers et soldats atteints par le feu de l'ennemi ou prisonniers.

L'armée sarde évaluait ses pertes à 49 officiers tués, 167 blessés, 642 sous-officiers et
soldats tués, 3,405 blessés et 1,258 disparus.

Cinq généraux avaient été blessés de notre
côté : MM. Forey, Ladmirault, Auger, Dieu et
Douay du 4ᵉ corps.—Sept colonels : MM. La-
croix, du 30ᵉ ; Broutta, du 43ᵉ ; Capin, du 53ᵉ;
de Malleville, du 55ᵉ ; Douay, du 70ᵉ ; Laure,
des tirailleurs algériens, et Jourjon, commandant le génie du 4ᵉ corps (1). Six lieutenants-colonels et plusieurs chefs de bataillon
figuraient aussi sur la liste des morts (2).

L'ennemi avait laissé entre nos mains
30 pièces de canons (3), 3 drapeaux (4),

---

(1) Depuis est mort de la suite de ses blessures le colonel de
Waubert de Genlis, du 8ᵉ de ligne.

(2) Parmi eux, MM. les lieutenants-colonels Campagnon,
du 2ᵉ de ligne ; de Neuchèze, du 8ᵉ ; Herment, des tirailleurs
algériens ; Ducoin, du 37ᵉ, et Junot d'Abrantès, de l'état-
major ; les chefs de bataillon Nennessier, du 72ᵉ, Noël, du
74ᵉ ; Hébert, du 63ᵉ ; Nicolas et Tiersonnier, tous deux du
55ᵉ ; Kléber, de Saint-Paër, Angevin.

(3) En outre, cinq pièces étaient restées aux Sardes.

(4) Pris, le premier, par les chasseurs à pied de la garde;
le deuxième, par les voltigeurs de la garde; le troisième, par

6,000 prisonniers et à peu près autant de blessés ramassés sur le champ de bataille.

D'après les renseignements exacts pris après la conclusion de l'armistice, on a acquis la certitude que l'armée autrichienne avait subi des pertes désastreuses, qui ne s'élevaient pas à moins de 35,000 hommes, en dehors du chiffre des prisonniers et des blessés laissés entre nos mains. Certaines portions du champ de bataille étaient jonchées de cadavres, et un témoin oculaire nous a assuré que, sur le mamelon des Cyprès, et de l'autre côté, à Guidizzolo, le sol disparaissait sous les corps des morts et des mourants. Ce chiffre énorme était dû en grande partie à la perfection de notre artillerie rayée, qui, sous la direction de MM. les généraux Lebœuf, de Sévelinges, Forgeot, Soleille et Auger, avait pris pendant toute la journée les positions les plus heureu-

---

le 76ᵉ de ligne. Par une coïncidence glorieuse, le 76ᵉ, ex-1ᵉʳ léger, qui n'a point fait campagne depuis la prise d'Alger, où l'un de ses bataillons formait, avec un bataillon du 9ᵉ léger, un régiment de marche attaché à la 1ʳᵉ brigade de la 3ᵉ division, porte aujourd'hui le numéro du régiment qui, à Inspruck, reprit à l'ennemi les drapeaux qu'il avait enlevé aux Français dans le pays des Grisons.

ses et avait reconduit les masses en déroute jusqu'à neuf heures du soir.

D'après la *Correspondance autrichienne* du 10 juillet, les pertes totales de l'armée avaient été de 91 officiers et 2,261 soldats tués, 485 officiers et 10,160 soldats blessés, de 59 officiers et 9,229 hommes disparus. Total, 22,285.

Comme toujours, notre armée avait fait preuve de courage et d'élan ; mais ce que l'on ne saurait trop louer, c'est l'excellent moral des troupes, qui leur permit d'enlever des positions fortifiées ou d'un accès difficile et d'ailleurs solidement défendues, sans prendre ni repos ni nourriture. Partis du bivouac à deux heures et demie du matin, la plupart des régiments n'établirent leur campement qu'à neuf heures du soir, c'est-à-dire dix-huit heures après. Le développement du combat avait été immense : de Rivoltella, point extrême Nord où les Sardes attaquèrent, jusqu'à Castel – Goffredo, point extrême Sud d'où la cavalerie autrichienne fut chassée par le maréchal Canrobert, on compte dix-neuf kilomètres. L'empereur était resté à

cheval toute la journée, lançant les colonnes
et surveillant les points d'attaque. Le soir,
en entrant à Cavriana, dans la chambre où
François-Joseph avait passé la nuit précé-
dente, l'empereur Napoléon III envoya à
l'impératrice une dépêche télégraphique commençant par ces mots : « Grande bataille et
grande victoire. » Immense, en effet, par ses
résultats, puisqu'elle devait être une des
causes déterminantes de la paix. Aussi, les
soldats ne modéraient pas leur enthousiasme;
ils comprenaient qu'ils avaient gagné à la
France plus qu'une victoire; qu'ils lui avaient
rendu tout son prestige passé, et que l'œuvre
commencée sous les murs de Sébastopol se
complétait sur le champ de bataille de Solferino. Un vieux caporal des voltigeurs de la
garde disait le soir en ôtant son sac : « Eh
bien, l'empereur d'Autriche, s'il ne se déclare
pas satisfait, il est difficile! On lui a flanqué
toutes les herbes de la Saint-Jean (1). » Résumé
goguenard de la situation, qui peint mieux le

_____

(1) La bataille de Solferino a été livrée le jour de la Saint-
Jean.

sentiment général que des phrases artistement faites.

A Paris, on accepta la nouvelle de Solferino comme un présage de paix ; les illuminations et les drapeaux apparurent aux fenêtres comme par enchantement. Les quartiers populeux, les quartiers riches, les rues aristocratiques et les rues laborieuses se pavoisèrent et se couvrirent de feu avec plus d'enthousiasme qu'après Magenta. La Bourse fit de la hausse; circonstance que nous citons, uniquement pour montrer combien la bataille de Solferino modifiait les données politiques sur lesquelles on cherchait à s'appuyer pour prévoir l'avenir. Les fonds, pas plus que ceux qui les remuent, ne sont patriotes. Il leur faut de l'équilibre et non de la gloire : et la paix, c'est l'équilibre.

M. Niel fut nommé maréchal de France ; c'était le seul commandant en chef qui ne fût pas encore pourvu de cette dignité (1).

(1) M. Niel est né en 1802. Sorti de l'Ecole Polytechnique en 1823, il fut nommé lieutenant en 1827 et capitaine en 1833. Promu chef de bataillon en 1837 pour sa conduite pendant le siége de Constantine, il devint lieutenant-colonel

Les différentes promotions suivantes récompensèrent les services des officiers généraux et supérieurs qui s'étaient le plus distingués.

MM. de Sévelinges, commandant l'artillerie de la garde impériale; Manèque, commandant la 1re brigade des voltigeurs; Douay, commandant une brigade du 4e corps; Bouteilloux, commandant le génie du 1er corps; Cassaignolles, commandant une brigade de cavalerie de la garde, furent nommés généraux de division.

en 1840 et colonel en 1846. En 1849, le général Vaillant, commandant le génie du corps expéditionnaire dans la Méditerranée, le demanda comme chef d'état-major. Constantine lui avait mérité l'épaulette d'officier supérieur; Rome lui gagna les étoiles de général.

M. Niel a dirigé au ministère de la guerre le service du génie; il a rempli les fonctions de conseiller d'Etat. En 1854, il était général de division depuis un an, lorsqu'il fut envoyé à Bomarsund. La prompte réduction de cette forteresse le fit attacher en qualité d'aide de camp à la personne de l'Empereur. Chargé d'une mission à Sébastopol, il fit modifier le système des attaques. Nommé grand-croix de la Légion-d'honneur, M. Niel reprit, après la campagne, ses fonctions auprès de Sa Majesté. Lors du mariage de S. A. I. le prince Napoléon avec la princesse Clotilde de Savoie, M. Niel accompagna le prince, et les travaux qu'il fit à ce moment sur la topographie militaire du Piémont, devaient être le point de départ de la campagne de 1859.

Les colonels Guérin, du 15e de ligne; Doens, du 56e; Mongin, du 1er voltigeurs de la garde; Labastie, chef d'état-major de l'artillerie du 4e corps; de Rochebouët, de l'artillerie de la garde; Le Baron, commandant le génie du 2e corps; de Salignac-Fenélon, du 1er chasseurs d'Afrique, furent faits généraux de brigade.

Par un ordre du jour, l'Empereur manifesta sa satisfaction à ses troupes :

« Soldats. leur dit-il, l'ennemi, qui avait cru nous rejeter au delà de la Chièse, a repassé le Mincio ; vous avez su, comme toujours, défendre dignement l'honneur de la France. Solferino surpasse les éclatants souvenirs de Lonato et de Castiglione.

« Pendant douze heures, vous avez repoussé les efforts de 150,000 hommes ; votre élan n'a été arrêté ni par la nombreuse artillerie de l'ennemi, ni par les positions formidables s'étendant sur un rayon de trois lieues. La patrie, qui vous remercie de votre bravoure et de votre persévérance, déplore le sort de ceux de ses enfants qui sont tombés..... Le sang versé ne l'aura pas été inutilement pour la gloire de la France et le bonheur des peuples. »

Nous avons dit que la bataille de Solferino ouvrait un nouvel horizon, parce qu'elle faisait entrevoir la paix. Bien qu'on ne se rendît pas un compte exact de la manière dont elle se produirait, on était convaincu qu'elle ne tarderait point. Du côté de la diplomatie, les nouvelles, sans être excellentes, n'indiquaient point de complications imprévues dans la situation générale. Le nouveau cabinet anglais avertissait la Prusse qu'elle ne pensait point que la présence de nos troupes dans la Lombardie fût une menace pour l'Allemagne ; que l'Empereur Napoléon III ayant annoncé l'intention formelle de ne point faire de conquêtes, il était donc d'un intérêt européen de localiser la guerre, et que toute menace de l'armée de la Confédération sur le Rhin pouvait amener de la part de la France des représailles dont l'issue n'était pas douteuse (1).

L'empereur d'Autriche cherchait bien à contreminer les conseils de l'Angleterre en envoyant le prince Windischgraëtz à Berlin ; mais l'attitude de la Russie était telle, qu'à moins de circonstances que ne peuvent prévoir la sagesse humaine, l'empereur Napoléon III

(1) Lettre de lord John Russell, en date du 22 juin, à lord Blomfield, ministre britannique à la cour de Berlin.

n'avait à redouter l'intervention d'aucune puissance européenne tant que la lutte serait ciconscrite en Lombardie. Mais, en même temps, il était certain que les grands préparatifs militaires de l'Allemagne viendraient au secours de l'Autriche le jour où cette dernière serait attaquée dans ses possessions allemandes.

Après la journée du 24, les Autrichiens repassaient le Mincio, et François-Joseph établissait son quartier général à Vérone, dont le commandement avait été confié au général Urban : un militaire qui, à la tête d'un corps nombreux, s'était fait battre par les bandes de Garibaldi et auquel ses ordres du jour, aussi ridicules que cruels, laisseront une popularité plus triste encore que celle d'Haynau. Le feld-maréchal Hess avait été investi des fonctions de major-général de l'armée de Lombardie sous les ordres de l'Empereur François-Joseph, que les journaux de Paris avaient à tort fait partir pour Vienne. Tous ces actes étaient des symptômes non équivoques d'un profond découragement.

Pour que le vieux maréchal Hess, qui, au

début de la campagne, avait hésité à compromettre sa réputation militaire en prenant le commandement en chef, l'acceptât au moment où l'armée, démoralisée par six défaites successives, comptait 50,000 blessés dans les hôpitaux, il fallait que son souverain eût fait un appel chaleureux à son dévouement. Il fallait que ce vieux serviteur crût l'Empire d'Autriche en danger, et que son sort allait se décider dans le quadrilatère formé par Peschiera, Vérone, Legnago et Mantoue.

Ce système de places fortes, qui est destiné à protéger la Vénétie et l'entrée des États allemands de l'Autriche, contre les attaques d'une armée venant de l'Italie centrale ou de la frontière de la France, présente une surface de 1,100 kilomètres carrés environ. Cette étendue de terrain est bornée au Nord par le chemin de fer de Milan à Venise, qui relie Peschiera à Vérone ; à l'Ouest, par le Mincio, qui joint Peschiera à Mantoue, placées, la première sur le lac de Garde, la seconde sur le lac Supérieur ; à l'Ouest, par l'Adige, qui coule de Vérone à Legnago. La ligne Sud seule n'est pas couverte directement, et le cours du

Mincio, qui se dirige vers les États pontificaux, auxquels il sert, plus loin, de frontière, n'entre plus dans la base des fortifications naturelles du quadrilatère.

Peschiera, qui a été prise par les Français le 3 mai 1796, et en 1848, après un siége de trois semaines, par les Piémontais, est une place de troisième ordre qui ne devait présenter à nos armes qu'une résistance médiocre, surtout lorsque des canonnières auraient été lancées sur le lac. Elle tire principalement son importance dans la distribution générale de la défense du quadrilatère, des écluses qu'elle garde et au moyen desquelles, les eaux du lac grossissant tout à coup le Mincio, il devient impossible d'établir sur cette rivière des ponts de bateaux.

Vérone, au contraire, est une place de premier ordre, et c'est aussi la plus importante des quatre qui nous occupent en ce moment. C'est un immense camp retranché environné d'une double ceinture de forts détachés. On comprend que les Autrichiens y aient accumulé forteresse sur forteresse, car elle assure les communications entre l'Autriche et la Vénétie ; sa plus grande force est du côté de la Lombardie.

Nos ingénieurs militaires pensent qu'elle aurait pu résister à un siége régulier de quatre mois. Mais leur opinion bien formelle est que l'on ne pouvait, sans de graves inconvénients, se risquer dans une entreprise de cette importance sans s'être assuré à l'avance des dispositions militaires et politiques de la Prusse ; car l'investissement de la place et les travaux auraient immobilisé plus de cent mille hommes et un matériel énorme.

Des deux places que nous trouvons sur la ligne Sud, Mantoue seule présente des difficultés sérieuses à une armée assaillante. Mais notre position spéciale nous permettait de les amoindrir, en faisant remonter le cours du Mincio à nos chaloupes canonnières lancées sur le Pô, dont les eaux étaient libres et qui reçoivent le Mincio à 15 kilomètres à peine de la place. Mantoue, défendue par Wurmser, a été prise, en 1797, par le général Bonaparte, et reprise, en 1799, par Souwarow, après une brillante défense du général de génie Foissac-Latour.

Legnago a été prise, le 13 septembre 1796, par l'armée française, après trois jours d'investissement.

Ces deux dernières places, du reste, n'auraient pas été assiégées régulièrement. Une série d'opérations stratégiques nous les auraient livrées. La force de Mantoue, place facilement investissable, est considérable. L'enlèvement de vive force des ouvrages qui l'environnent coûterait beaucoup de monde, et nos ingénieurs pensent que pour une armée assaillante, il y aurait intérêt à bloquer Mantoue sans l'attaquer directement.

La plus grande force du quadrilatère pendant la campagne de 1859, ne résidait pas, cependant, dans le nombre de ses ouvrages, construits tous d'après le système français, ni dans celui de ses bouches à feu, pourtant très-considérable. Pas plus dans l'énergie de ses défenseurs; pas plus dans l'expérience des ingénieurs de l'École de Tulln, réputée en Europe à l'égal de notre École d'application de Metz. Sa véritable force, l'empereur Napoléon III l'a admirablement dépeinte le 19 juillet, quand il a dit au Sénat, au Corps législatif et au Conseil d'État réunis à Saint-Cloud : « Lorsqu'après une heureuse campagne de deux mois les armées française et sarde arrivèrent sous les murs de Vérone, la lutte allait inévitablement changer de nature, tant sous le rapport militaire que sous le rapport politique. J'étais fatalement obligé d'attaquer de front un ennemi retranché derrière de grandes forteresses, protégé contre toute diversion sur les flancs par la neutralité des territoires qui l'entouraient ; et, en commençant la longue et stérile guerre des siéges, je trouvais en face l'Europe en armes, prête soit à disputer nos succès, soit à aggraver nos revers. »

Mantoue, Peschiera et Legnago pouvaient tomber entre nos mains par le seul fait d'une troisième bataille sur l'Adige. Mais Vérone restait : Vérone, le boulevard de la puissance autrichienne, dont nous ne pouvions compléter l'investissement qu'en violant le territoire du Tyrol, c'est-à-dire en donnant à l'Allemagne réunie sur le Rhin le droit de dire : « Je suis attaquée. » Investir Vérone, l'empereur Napoléon III l'a dit, c'était « accepter la lutte sur le Rhin comme sur l'Adige. Il fallait partout franchement se fortifier du concours de la Révolution. Il fallait répandre encore un sang précieux qui n'avait que trop coulé déjà ; en un mot, pour triompher, il fallait risquer ce qu'il n'est permis à un souverain de mettre en jeu que pour l'indépendance de son pays (1). »

Si maintenant nous supposons un instant que le siége de Vérone ait été commencé en acceptant la lutte dans les données faites par la neutralité des territoires voisins, qu'arrivait-il? C'était un nouveau siége de Sébastopol, épopée glorieuse et qui a porté haut la gloire de nos armes ; mais qu'il était du devoir d'un souverain de ne point recommencer.

Nous avons pris Sébastopol, du reste, dans des conditions moins désastreuses que celles où nous nous serions trouvées sous les murs de Vérone : la place était ouverte et son armée de secours, en communication directe, combinait avec elle ses attaques. Nous aurions eu tous ces désavantages devant la quatrième place du quadrilatère.

(1) Discours cité plus haut. *Moniteur* du 20 juillet.

En Crimée, le recrutement et le ravitaillement de l'armée russe étaient libres et incessants, mais ses convois traversaient péniblement un chemin immense et laissaient le long des routes et dans les steppes de l'Empire la moitié des hommes épuisés par la peste et la fatigue : épaves sinistres qui marquent encore la trace des voies militaires de Saint-Pétersbourg à Sébastopol. A Vérone, au contraire, les Autrichiens débarquent du chemin de fer aussi frais et aussi dispos que s'ils sortaient d'une caserne de Vienne pour passer la revue de leur souverain. Ces considérations militaires nous ont frappé tout d'abord et méritent, certes, toute l'attention des gens sérieux.

Le 28 juin, l'armée française passa le Mincio sans résistance, l'ennemi s'étant retiré au delà. Cette opération, continuée le 28, fut terminée le 1er juillet, dans la matinée. L'Empereur, après avoir établi son quartier général à Volta, avait été reconnaître Valeggio, sur la rive gauche, et, en vertu de ses ordres, plusieurs ponts furent établis sur le fleuve pour remplacer ceux que les Autrichiens avaient fait sauter dans leur retraite.

Dès le 30 juin, le grand quartier général fut transporté à Valeggio. Les Sardes, le même jour, investirent Peschiera, du lac de Garde au Mincio.

Malgré une chaleur tropicale, l'état sanitaire des deux armées était excellent. Nos blessés, soignés dans des hôpitaux établis dans les grandes villes de la rive droite du Mincio, recevaient les secours les plus éclairés de la part de notre admirable corps de santé militaire, dont le dévouement, comme la bravoure, sont à toute épreuve. Les habitants cherchaient par leur bonne volonté et une assistance touchante, à augmenter le bien-être des soldats valétudinaires, et à accélérer leur convalescence. Nos arrivages étaient fortement organisés.

Le 1er juillet, le prince Napoléon rejoignait le grand quartier général avec neuf régiments d'infanterie, un bataillon de chasseurs à pied, deux régiments de chasseurs et neuf batteries d'artillerie. Il avait passé le Pô (1) à Casale-

---

(1) Ce point est distant de Vérone de vingt-deux kilomètres. Le Pô est large, en cet endroit, de six cents mètres environ.

Majeure, où il avait été rallié par le général d'Autemarre. Il amenait avec lui un corps de Toscans sous les ordres du général Ulloa. Cette petite armée auxiliaire, composée de volontaires recrutés sous le nom de chasseurs des Apennins et des débris des troupes régulières des duchés de Toscane, de Modène et de Parme, avait plus de bonne volonté que de cohésion et d'habitudes militaires. Toutefois, telle qu'elle était, et bien encadrée par les troupes du 5e corps, avec lesquelles elle semblait destinée à opérer, on pouvait espérer en tirer un parti avantageux. En outre, le général Mezzacapo avait été chargé de masser le 2e corps de l'armée de l'Italie centrale.

L'Empereur, complétant l'organisation de l'armée d'Italie, ordonna à la 1re division de l'armée de Lyon de se rendre, par les voies rapides, dans les marches des Alpes, où elle devait observer les débouchés du Tyrol, et empêcher, de ce côté, toute diversion de la part des Autrichiens. Cette belle division, commandée par le général d'Hugues, comprenait le 12e bataillon de chasseurs à pied, les 19e et 22e de ligne (1re brigade, général de Bailliencourt), et les 27ᵉ et 50ᵉ de ligne (2ᵉ brigade général Suau). Leur départ de Lyon fut salué par les plus chaudes acclamations de la population lyonnaise, qui envoyait ainsi à toute l'armée d'Italie dans un sympathique témoignage une émanation de la patrie absente.

L'escadre française de l'Adriatique avait en même temps commencé ses opérations offensives. Elle avait débarqué un petit corps d'armée sous les ordres du général Wimpfen, dans l'île d'Osero ou de Lossin, située à vingt-cinq mille de Pola, à quarante de Parme, cinquante d'Ancône et soixante-quinze de Venise. Cette île, comprise dans l'Archipel du golfe Quarnaro, fait partie du gouvernement de l'Illyrie, et, par conséquent, n'appartient pas à la Confédération Germanique. Les troupes du général Wimpfen, composées d'un nouveau régiment de tirailleurs indigènes, d'un régiment de marche d'infanterie de marine, d'un autre formé avec des troupes d'Afrique, et enfin, de vingt-six compagnies de débarquement des équipages de la flotte et d'artillerie de marine, avaient pour mission réelle d'établir solidement dans l'île d'Osero, nos dépôts de charbons, de munitions et de vivres, et de la mettre à l'abri de tout coup de main. Ces magasins allaient, en effet, prendre une extension considérable. De plus, le général Wimpfen, devait fournir de petites colonnes expéditionnaires au chef de l'escadre pour toutes opérations actives.

A cette époque, l'empereur Napoléon III pouvait être au lendemain d'une nouvelle victoire, disposé à opérer par terre sur Venise pendant qu'une portion de son armée aurait commencé le siége de Vérone. La solide occupation de l'île d'Osero devenait, dans ces conjectures, un point doublement important et le pivot des opérations maritimes et militaires de toute cette partie de la campagne.

L'empereur François-Joseph, dont les lieutenants et les agents avaient intérêt à égarer la religion, en lui représentant nos forces comme supérieures aux siennes, numériquement parlant, doublement trompé par l'activité de nos armées et de nos flottes, et par les rapports amplifiés de ses généraux, a donc été de bonne foi lorsqu'il a cru succomber sous le nombre, tandis qu'il était réellement vaincu par l'énergie de nos soldats et la sagesse de leur chef.

Comme rien n'est indifférent dans l'histoire de ces derniers jours de la campagne d'Italie, nous ajouterons que le *Moniteur de Bologne*, du 20 juin précédent, avait publié une lettre adressée par le comte de Cavour à la junte de cette ville, et par laquelle ce ministre déclarait que le gouvernement du roi Victor-Emmanuel ne pouvait accepter la réunion des Romagnes au Piémont, mais qu'il en dirigerait les forces militaires dans le but de concourir à l'indépendance italienne. Ce premier acte attentatoire du gouvernement sarde à la complète et stricte neutralité du territoire des États pontificaux, était accompagné de l'annonce faite par la *Gazette Piémontaise*, que le chevalier d'Azeglio était nommé général et commissaire extraordinaire purement militaire du roi Victor-Emmanuel dans les Romagnes. Ou nous nous trompons fort, ou cette nomination de minime importance, au milieu des grandes négociations échangées à l'heure même entre les puissances médiatrices, eut sa part d'influence dans la détermination prise par l'empereur Napoléon III.

Pour nous, tout est là. L'indiscipline des promoteurs de l'indépendance italienne, leurs impatiences inconsidérées, décelaient chez eux un médiocre souci des intérêts du souverain auguste et de la nation puissante qui combattaient pour eux. Ces intérêts sacrés, l'Empereur les a sauvegardés en arrêtant la lutte, au moment où elle allait dépasser l'importance du but à atteindre.

Cependant, les avant-postes français touchaient presque ceux de l'ennemi : le premier corps appuyait les Sardes dans les opérations du siége de Peschiera, et l'on voyait arriver le moment où les travaux du génie, dirigés par le général Frossard, chef du génie de l'armée française, allaient enfin prendre cette activité régulière sans laquelle rien n'est possible ; le 4e corps, auquel était adjoint le 5e cantonné à Goïto, observait Mantoue. Enfin, l'Empereur, avec sa garde et les 2e et 3e corps, tenait le centre à Valeggio, menaçant directement de couper le chemin de fer qui relie Mantoue à Vérone. Une nouvelle collision était imminente : le canon résonnait nuit et jour du côté du lac de Garde, et chaque matin et chaque soir les patrouilles et les reconnaissances des armées belligérantes échangeaient quelques coups de feu.

L'empereur Napoléon ayant renvoyé sans condition les officiers autrichiens et ayant demandé un échange de prisonniers, un parlementaire vint le 3 juillet au quartier général annoncer que l'empereur d'Autriche renverrait aussi les prisonniers français blessés dès que leur état permettrait de les transporter et qu'il était également disposé à faire un échange de prisonniers.

Le lendemain 4 juillet, on vit arriver à Valeggio un nouveau parlementaire. C'était le capitaine Urban, aide de camp de l'Empereur François-Joseph et fils du gouverneur général de Vérone. Il se présenta à la villa Mattei; il annonçait qu'il était porteur d'une lettre autographe de son souverain et demandait à la remettre entre les mains de l'Empereur. Le maréchal Vaillant le reçut d'abord et le présenta ensuite à S. M. Ces allées et venues de parlementaires avaient peu préoccupé l'armée : il semblait seulement alors

qu'il fût question de prisonniers. Mais bientôt
on comprit qu'il s'agissait de plus graves
intérêts.

Voici, d'après un journal étranger, dont les
oreilles sont à l'écoute par toute l'Europe, des
détails qu'il présente comme tout à fait authen-
tiques sur les préliminaires de la conclusion
de l'armistice, dont la nouvelle vint surprendre l'armée et l'Europe. Il est bien entendu
que nous laissons à l'*Indépendance belge* toute
la responsabilité de son récit :

« Vous savez, disait le correspondant de ce journal, que,
dans la diplomatie, on est persuadé qu'il y a entre l'empereur
des Français et François-Joseph quelques combinaisons secrètes. Je ne puis affirmer ni démentir ces rumeurs ; ce qui
est certain, c'est que, depuis deux jours, l'Empereur paraissait fort préoccupé. Il a reçu de nombreuses dépêches de l'Allemagne, et l'on voyait bien qu'il se faisait, dans son esprit,
quelque travail secret.

« Dans l'entourage de l'Empereur et au quartier général,
on s'attendait à un mouvement hardi sur Vérone, lorsque,
sortant de table vers sept heures du soir, Sa Majesté fit ap-
peler le général Fleury.

« Mon cher général, lui dit-Elle en présence du roi de Pié-
« mont, qui paraissait fort soucieux, mais qui, cependant, un
« peu après, approuva du geste et de la tête les paroles de
« l'Empereur, j'ai besoin, dans ce moment, d'un militaire di-
« plomate ; il me faut un homme doux, conciliant et aimable.
« J'ai pensé à vous. Voici une lettre que j'adresse à l'empe-

« reur d'Autriche ; vous allez la porter à Vérone. Lisez-la,
« pénétrez-vous de son esprit ; je demande une suspension
« d'armes, il faut que l'empereur François-Joseph l'accepte.
« Je compte sur votre intelligence pour développer les idées
« qui sont en germe dans cette lettre. »

« Puis il lui donna quelques explications qui reçurent également l'approbation du roi de Piémont. Le général prit une voiture, et, accompagné de M. le capitaine de Verdière, son aide de camp, partit pour Vérone. Quoique la distance ne fût pas grande, les difficultés pour arriver aux avant-postes furent extrêmes. Le général Fleury n'entra dans Vérone qu'à dix heures et demie du soir.

« L'empereur d'Autriche était couché et dormait profondément ; mais lorsque l'on dit à l'aide de camp de service que le général Fleury apportait une lettre de l'empereur des Français, on fut réveiller l'Empereur. Il s'habilla à la hâte, puis le général Fleury fut introduit. En lisant la lettre de Napoléon, la surprise et l'émotion se peignirent sur la figure de François-Joseph.

« Votre communication est fort grave, dit-il, et tellement grave, que j'ai besoin de réfléchir. Restez ici jusqu'à demain matin, à huit heures, je vous donnerai ma réponse. — Je suis aux ordres de Votre Majesté, reprit le général Fleury ; je lui demande néanmoins la permission de lui soumettre quelques considérations qui expliqueront à Votre Majesté la démarche de l'Empereur.

« Le général Fleury prit alors la parole et fit valoir toutes les considérations qui devaient l'engager à accepter la proposition qui lui était faite : le voisinage des deux armées, qui allait rendre un conflit imminent ; la médiation qui arriverait trop tard. — « Les considérations que vous me faites valoir sont justes, reprit François-Joseph ; je vais y penser, et demain matin vous aurez ma réponse. » Il fit déloger son grand-écuyer pour mettre le général Fleury dans son appartement. A huit heures, le général fut introduit ; l'empereur d'Autriche eut encore avec lui une conversation très-longue, puis il passa dans une pièce voisine et il lui remit sa réponse. Trois heures après, le général rentrait à Valeggio. »

Le 7 juillet, une suspension d'armes fut convenue entre les deux empereurs. Les commissaires nommés de part et d'autre pour en arrêter la durée et les clauses, se réunirent le lendemain à Villafranca. C'étaient d'une part : pour la France, S. E. le maréchal Vaillant, major général, et son aide-major, M. le général de division de Martimprey ; pour le Piémont, le lieutenant-général, chef d'état-major, général Della Rocca ; et d'autre part, pour l'Autriche, le feld-maréchal baron Hess, major général et le feld-maréchal lieutenant comte Mensdorff-Pouilly. La convention signée par eux portait entre autres stipulations : que la suspension d'armes datait du 8 juillet jusqu'au 15 août sans dénonciation ; qu'en conséquence les hostilités, s'il y avait lieu, recommenceraient sans avis préalable le 16 à midi ; que les hostilités cessaient pendant ce laps de temps sur toute l'étendue du théâtre de la guerre, tant par terre que par mer ; que les chemins de fer de Vérone à Peschiera et à

Mantoue pouvaient servir à l'approvision-
nement de ces deux dernières places, à la condition qu'il fût terminé dans l'espace de deux
jours. Les travaux d'attaque et de défense de
Peschiera devaient rester dans l'état où ils se
trouvaient, et les bâtiments de commerce, sans
distinction de pavillon, pouvaient librement
circuler dans l'Adriatique.

Les lignes de démarcation entre les deux
armées avaient été fixées point par point.

L'Empereur annonça le 10 juillet, à son
armée, cette nouvelle phase dans laquelle elle
allait entrer, par la proclamation suivante :

« Soldats,

« Une suspension d'armes a été conclue, le 8 juillet, entre
« les parties belligérantes, jusqu'au 15 août prochain. Cette
« trêve vous permet de vous reposer de vos glorieux travaux,
« et de puiser, s'il le faut, de nouvelles forces pour continuer
« l'œuvre que vous avez si bravement inaugurée par votre
« courage et votre dévouement. Je retourne à Paris, et je
« laisse le commandement provisoire de mon armée au maré-
« chal Vaillant, major-général. Mais dès que l'heure des
« combats aura sonné, vous me reverrez au milieu de vous
« pour partager vos dangers.

« NAPOLÉON. »

Bien qu'en reproduisant la première dépêche de l'Empereur à S. M. l'Impératrice relative à l'armistice, et qui avait été publiée dès la veille au soir dans un supplément spécial, le *Moniteur* du 8 juillet eût dit qu'il ne s'agissait que d'une trêve entre les armées belligérantes, qui, tout en laissant le champ libre aux négociations, ne pouvait faire prévoir, quant à présent, la fin de la guerre, l'opinion publique ne se méprit point ni à Paris, ni dans le reste de la France, ni même en Europe, sur la portée de la convention passée entre les deux Empereurs. C'était la paix ! — On ne connaissait encore aucune des clauses de l'armistice, qui n'était d'ailleurs annoncé que comme une simple suspension d'armes : et la Rente monta de 2 francs au milieu d'une absence à peu près complète d'affaires. Le *Moniteur* du 11 juillet fut plus explicite : il reflétait la pensée personnelle du chef de l'État : il expliquait, sinon par les détails des faits, du moins par des données politiques très-larges, les circonstances dans lesquelles s'était produite la suspension d'armes.

« Des communications, disait-il, étaient échangées entre

les trois grandes puissances neutres, en vue de se mettre d'accord pour offrir leur médiation aux belligérants. Le premier acte de cette médiation devait tendre à la conclusion d'un armistice; mais, malgré la rapidité des transmissions télégraphiques, l'entente à établir entre les cabinets ne permettait pas que ce résultat fût obtenu avant quelques jours. Cependant, les hostilités de notre flotte contre Venise allaient s'ouvrir, et une nouvelle lutte de nos armées devant Vérone pouvait s'engager à tout instant.

« En présence de cette situation, l'Empereur, toujours fidèle aux sentiments de modération qui ont constamment dirigé sa politique, préoccupé, d'ailleurs, avant toute chose, du soin de prévenir toute effusion de sang inutile, n'a pas hésité à s'assurer directement des dispositions de l'empereur François-Joseph, dans la pensée que, si ces dispositions étaient conformes aux siennes, c'était, pour les deux souverains, un devoir sacré de suspendre, dès à présent, des hostilités qui pouvaient devenir sans objet, par le fait de la médiation.

« L'empereur d'Autriche ayant manifesté des intentions analogues, des commissaires nommés de part et d'autre se sont réunis pour arrêter les clauses de l'armistice, qui a été définitivement conclu.

« Il y aura, demain lundi, une entrevue à Villafranca, entre l'empereur des Français et l'empereur d'Autriche. »

De cette entrevue des deux souverains devait sortir un accord, conclu en dehors des puissances médiatrices. Elles n'avaient point su avant le commencement des hostilités aplanir les difficultés; elles étaient restées pendant la guerre en dehors du conflit: il était donc parfaitement juste et logique qu'elles ne prissent aucune part directe à la conclusion de la paix. L'empereur Napoléon III, qui a toujours montré devant l'Europe une attitude ferme et résolue, et qui a relevé la France de l'état secondaire où la politique ambiguë des gouvernements de 1830 et de 1848 l'avait placée, ne voulait ni ne pouvait, en 1859, accepter une solution partant d'un congrès. A la tête de l'armée française, il avait conquis le droit de parler seul au nom des intérêts de la France et de l'Italie, et tous les cabinets européens devaient rester neutres le 11 juillet 1859, comme ils s'étaient résolus à l'être depuis le 1er janvier de la même année.

L'empereur François-Joseph qui, depuis qu'il avait pris la détermination de recourir à la force de ses armées pour maintenir et augmenter son influence dans l'Italie septentrionale et centrale, avait cherché, sans y parvenir, à confondre les intérêts de l'Autriche dans la Lombardie et la Vénétie avec ceux de l'Allemagne, devait avoir à cœur, puisqu'il se voyait contraint par le sort de la guerre à déposer les armes, de le faire sans le secours de la Prusse qui était restée sourde à son appel, de l'Angleterre dont la froideur se manifestait de plus en plus à son égard, et de la Russie sur les sympathies de laquelle elle ne devait plus compter depuis la guerre de Crimée.

Comme on le voit, les deux souverains, en se rendant à l'entrevue de Villafranca, étaient mus, avec des intérêts opposés, par une commune pensée d'en finir seuls et sans l'intervention de la diplomatie. Sa Majesté l'empereur des Français avait, du reste, arrêté ses plans et, grâce au prestige de ses victoires politiques et militaires, grâce aussi à ce don de séduction qui lui concilie l'esprit de tous ceux qui approchent sa personne, il pouvait compter sur le succès d'un entretien particulier avec l'empereur François-Joseph.

Le comte de Cavour avait été mandé dès le 9 juillet au grand quartier général. Après avoir conféré avec les souverains alliés, cet homme d'État s'était retiré du ministère. Sa démission exprimait une situation nouvelle.

A neuf heures précises du matin, le lundi 11 juillet, l'Empereur arrive à cheval à Villafranca. S. M. est accompagnée de tout

son état-major, de sa maison militaire, et suivie
d'un escadron des cent-gardes et d'un autre
du régiment des guides de la garde. Le cortége
impérial s'arrête un instant sur la grande
place de Villafranca, puis un officier d'ordonnance survient bride abattue par la route de
Vérone, et, le chapeau à la main, il annonce à
Napoléon III que l'empereur François-Joseph
et sa suite ne sont plus qu'à quelques kilomètres. Le cortége repart sur-le-champ au
galop, et sur une route poudreuse bordée par
un rideau d'arbres rabougris et brûlés par le
soleil, route qui traverse l'immense plaine que
quatre jours auparavant les soldats français
et autrichiens considéraient encore comme
un prochain champ de bataille, les deux empereurs, laissant un instant leurs escortes en
arrière, s'avancent et se saluent du plus loin
qu'ils s'aperçoivent. Ils marchent l'un vers
l'autre, ces adversaires de la veille, mais cette
fois pour rendre la paix au monde ; et, dès que
leurs chevaux sont à portée, Napoléon III présente la main à François-Joseph qui la saisit
aussitôt et la presse avec cordialité.

Après un court temps d'arrêt, les deux Em-

pereurs reviennent à Villafranca, Napoléon III
tenant la droite, François–Joseph tenant
la gauche. Un témoin oculaire de cette
scène saisissante (1) dépeint ainsi l'empereur d'Autriche et son état–major :

« François-Joseph était accompagné de M. le feld-maréchal
baron de Hess et de ses officiers d'ordonnance. Il portait un
uniforme de général de cavalerie en petite tenue, composé
d'une petite jaquette bleu de ciel, d'un pantalon de la même
couleur. Il n'avait ni cordons, ni croix. L'héritier des Haps-
bourgs a tous les traits qui caractérisent sa race. Il est grand,
blond, et ressemble beaucoup à son frère Maximilien, que
nous avons vu à Paris; il a, comme lui, la lèvre épaisse, la
moustache frisée réunie à des favoris touffus, de grands yeux
bleus. Du reste, il m'a paru très-ému. Le feld-maréchal de Hess
était à la suite de l'Empereur, où le retenaient les devoirs de
sa position de major-général. Le vieux général, très-vert encore pour son âge, portait l'uniforme et tous les insignes de
son grade. L'état-major autrichien était assez nombreux, mais
beaucoup moins brillant que l'état-major français. Le corps
des gardes-nobles et celui des uhlans, qui forment l'escorte
de l'Empereur, se trouvaient complétement éclipsés par les
cent-gardes et même par les guides. Pendant le trajet qu'il y
avait à faire pour retourner à Villafranca, les cent-gardes
français ont cédé le pas aux gardes-nobles; mais les guides
ont passé avant les uhlans. »

Pour nous, modeste chroniqueur d'événe-

(1) M. Léonce Dupont, correspondant du journal le *Pays*.

ments qui, en raison de leur caractère con-
temporains, n'appartiennent pas encore à
l'histoire, ce que nous recherchons avant tout
dans cette entrevue dont personne ne doit
encore connaître les détails, et qui resteront
peut-être un des grands secrets de notre époque, ce sont les côtés intimes et légendaires.

Dans la villa de M. Carlo Gaudini Morelli,
où l'empereur d'Autriche avait déjà passé une
des nuits qui précédèrent la journée de Solferino, est un petit salon, décoré de fresques
médiocres et simplement meublé de deux ca-
napés et de quelques siéges tendus d'étoffe
verte. C'est là que, pendant une heure, assis
près d'une table carrée recouverte d'un tapis
d'auberge, deux puissants souverains ont dé-
libéré sur le sort de l'Italie, sur celui de l'Europe.

C'est là que la paix a été décidée : devant un
vase garni de fleurs odorantes dont les deux
chefs de deux nations, hier encore opposées
sur le champ de bataille, ont peut-être effeuillé
les pétales en conversant sur la destinée des
peuples. Aucun être vivant n'assistait à leur
solennel entretien : Dieu seul guidait leur

sagesse, et dans sa prudence il a permis qu'ils sortissent d'accord de la villa Morelli où une heure avant ils étaient entrés ennemis.

L'émotion était grande sur la place de Villafranca, et l'imagination vivement surexcitée de tous ces hommes illustres qui attendaient à cheval, en tenue de guerre, l'issue de la conférence impériale, avait pour un instant ôté à leur corps toute apparence d'activité. Un silence d'une émotion poignante régnait dans les deux états-majors. Mais lorsqu'on vit sortir Napoléon III et François-Joseph rayonnants tous deux, un courant magnétique rapprocha sur–le–champ les officiers des deux nations, confondus depuis la jonction des cortéges sur la route de Vérone. Les souverains se présentèrent mutuellement leurs maisons militaires. L'empereur François-Joseph offrit la main au maréchal Vaillant et aux généraux de Martimprey et Fleury qui avaient eu l'occasion d'être présentés à Sa Majesté Autrichienne pendant la conclusion de l'armistice ; puis il félicita hautement les maréchaux commandants en chef les corps d'armée sur la valeur de leurs officiers et de leurs soldats.

Après avoir échangé de nouvelles et publiques marques d'une entente amicale, les deux souverains remontèrent à cheval. A onze heures et demie l'empereur Napoléon III rentrait à Valeggio.

Un conseil se réunit sur-le-champ au grand quartier général : le roi de Sardaigne et le prince Napoléon y assistaient. Dans l'après-midi, le prince se rendait à Vérone et en revenait le soir à dix heures. On apprenait alors que la paix était conclue, sinon dans tous ses détails, du moins dans ses bases principales.

Là encore la légende a prêté à l'empereur d'Autriche une mélancolie profonde. Le prince Napoléon, qui avait été chargé, assure-t-on, d'insister sur certains points relatifs à la question de la souveraineté des duchés de Parme, de Modène et de Toscane, eut quelque peine à vaincre les dernières répugnances de François-Joseph.

— Prince, lui dit le souverain vaincu en signant enfin les préliminaires, Prince, je ne vous souhaite pas de signer jamais un pareil traité.

Et pourtant la magnanimité du vainqueur.

l'avait ménagé en lui dictant les conditions de
la paix.

Le lendemain, une proclamation à l'armée
d'Italie les apprenait à l'Europe.

« Soldats! disait-elle, les bases de la paix sont arrêtées
avec l'empereur d'Autriche, le but principal de la guerre est
atteint, l'Italie va devenir pour la première fois une nation.

« Une Confédération de tous les États de l'Italie, sous la
présidence honoraire du Saint-Père, réunira en un faisceau
les membres d'une même famille; la Vénétie reste, il est vrai,
sous le sceptre de l'Autriche : elle sera néanmoins une province italienne faisant partie de la Confédération.

« La réunion de la Lombardie au Piémont nous crée de ce
côté des Alpes un allié puissant qui nous devra son indépendance ; les gouvernements restés en dehors du mouvement
ou rappelés dans leurs possessions, comprendront la nécessité de réformes salutaires.

« Une amnistie générale fera disparaître les traces des dis-
cordes civiles. L'Italie, désormais maîtresse de ses destinées,
n'aura plus qu'à s'en prendre à elle-même si elle ne progresse
pas régulièrement dans l'ordre et la liberté.

« Vous allez bientôt retourner en France; la patrie recon-
naissante accueillera avec transport ces soldats qui ont porté
si haut la gloire de nos armes à Montebello, à Palestro, à
Turbigo, à Magenta, à Marignan et à Solferino, qui, en deux
mois, ont franchi le Piémont et la Lombardie, et ne se sont
arrêtés que parce que la lutte allait prendre des proportions
qui n'étaient plus en rapport avec les intérêts que la France
avait dans cette guerre formidable.

« Soyez donc fiers de vos succès, fiers des résultats obtenus,
fiers surtout d'être les enfants bien-aimés de cette France qui
sera toujours la grande nation, tant qu'elle aura un cœur

pour comprendre les nobles causes et des hommes comme vous pour les défendre.

« Au quartier impérial de Valeggio, le 12 juillet 1859.

« NAPOLÉON. »

Dès le mardi 12 juillet, cette heureuse nouvelle était annoncée à Paris par le canon des Invalides. Une dépêche télégraphique de l'Empereur à Sa Majesté l'Impératrice régente (1) fut affichée vers une heure et demie et adressée à tous les préfets de l'empire. Nous renonçons à peindre l'enthousiasme qui l'accueillit : la France allait revoir ses enfants, leur sang généreux ne devait plus couler, l'Italie reconstituée voyait s'ouvrir devant elle l'ère de l'indépendance. Certes, ces magnifiques et glorieux résultats obtenus en si peu de temps suffiraient pour justifier les illuminations et le *Te Deum* qui célébrèrent dans

(1) « La paix est signée entre l'Empereur d'Autriche et moi.

« Les bases de la paix sont :

« Confédération italienne sous la présidence honoraire du Pape.

« L'Empereur d'Autriche cède ses droits sur la Lombardie à l'Empereur des Français, qui les remet au Roi de Sardaigne.

« L'Empereur d'Autriche conserve la Vénétie, mais elle fait partie intégrante de la Confédération italienne. »

les quatre-vingt-six départements la paix de
Villafranca. Les gens timides et timorés qui
s'étaient d'abord vivement émus aux premières notions de dissentiment entre le cabinet des Tuileries et la cour de Vienne, qui,
marchandant leur patriotisme dans une question où l'honneur et les frontières de la
France étaient autant en jeu que la couronne
du roi de Sardaigne, qui, enfin, ne s'étaient
habitués à l'idée de la guerre qu'en présence
des élans passionnés de la majorité de la population, ne furent pas les derniers à fêter la
paix. La Rente monta encore de 1 fr. 75 c.
La spéculation se trouvait en communauté
d'intérêts avec le pays. Seule, une petite fac-
tion de rêveurs, plus jalouse de montrer leur
indépendance par une attitude systématique
de mécontentement que réellement soucieuse
de la gloire et de la grandeur de leur patrie,
se retrancha dans l'éternelle polémique du
doute et de l'allusion. Ces graves et filandreux
politiques, dont les tartines font les délices
des bas-fonds de l'opposition interlope, se-
couaient gravement la tête en posant des
hypothèses sur l'avenir de la Vénétie et des

duchés de Modène, de Parme et de Toscane.
Ce qui surtout contrariait leurs vœux les plus
chers, c'était la présidence honoraire de la
Confédération italienne donnée au Souverain
Pontife. Il ne nous appartient pas de répondre
ici à ces braves, qui veulent remuer les nations
du fond d'un cabinet fumeux de rédaction, et
combattent toute autorité afin de mieux imposer la leur. Nous constatons simplement un
fait : c'est qu'une fois encore ils se trouvèrent,
comme toujours, en dissentiment complet avec
la majorité du peuple français, au nom duquel
ils parlent sans cesse sans en avoir mission.

Nous verrons, du reste, tout à l'heure que
l'empereur Napoléon III qui, en se rendant à
l'armée d'Italie, avait prévu toutes les solu-
tions probables de la guerre qu'il allait diriger, a rempli, dans la limite du possible, le
programme qu'il s'était tracé à l'avance.

La presse étrangère a été unanime dans les
jugements qu'elle a portés sur sa magnanimité
et sa haute sagesse dans la conclusion de la
paix, comme elle l'avait été, du reste, pour
reconnaître sa bravoure et ses talents militaires sur les champs de bataille.

Le *Morning Post*, appréciant le grand acte
auquel venait de se résoudre Napoléon III,
disait : « Si l'Empereur avait été mû par des
vues ambitieuses, il n'eût pas adopté le parti
qui vient de répandre tant d'allégresse en Europe. Il est très-douteux que l'armée française
eût éprouvé un échec ; elle n'avait qu'à pousser en avant, et successivement seraient tom-
bées les quatre forteresses, et les débris de
l'armée autrichienne auraient été chercher un
refuge en Allemagne. L'empereur des Français aurait alors passé pour le premier capitaine de son temps, et il eût été le souverain le
plus influent de l'Europe continentale. Mais,
en agissant ainsi, il se fût simplement couvert
de gloire militaire, et il n'eût pas assuré les
destins de l'Italie plus qu'ils ne le sont maintenant. » Le *Morning Chronicle* était plus ex-
pansif encore dans les lignes suivantes : « Il
n'est pas douteux que si le vainqueur de Magenta et de Solferino voulait humilier plus encore ses ennemis, ce lui serait bien facile. Bien
que François-Joseph ait encore des forces énor-
mes à sa disposition, il faut reconnaître que
ces forces sont encore inférieures à celle de son

adversaire..... On peut dire aujourd'hui que l'Autriche est à terre, et que la France lui tient l'épée sur la gorge. Et la France pardonne ! Le généreux souverain a voulu non la ruine de l'Autriche, mais la délivrance de l'Italie. »

Le *Times*, après avoir déduit minutieusement toutes les chances de succès de la France, terminait : « Si donc l'Empereur désirait mettre un terme à la guerre, ce ne peut être parce qu'il trouve qu'un conflit avec l'Autriche soit au-dessus de sa puissance, au-dessus de son armée et de son peuple. Aucune des victoires qu'il était en droit d'attendre n'eût pu égaler celle qu'il a remportée. »

L'*Echo universel* de La Haye, étudiant les principales conditions de la paix, ajoutait : « L'empereur Napoléon, à l'honneur qui lui revient de s'être montré plein de modération dans le succès, ajoute celui d'avoir amené l'empereur d'Autriche à faire des concessions sérieuses pour la reconstitution de l'Italie. »

Enfin, voici en quels termes le *Journal français de Saint-Pétersbourg*, du 2/14 juillet, apprécie les conditions de la paix : « Elles donnent à la France une grande satisfaction

14

morale ; c'est que l'Autriche abandonne le territoire de la Lombardie. Elles ménagent l'amour-propre de l'Autriche. C'est le droit de conquête de la France qu'elles reconnaissent, C'est de l'empereur Napoléon III et non de François-Joseph que la Sardaigne tiendra l'agrandissement de son territoire. L'influence de la force et du talent stratégique a fourni sa carrière. La paix est faite sans médiation. Les souverains de France et d'Autriche ne la doivent qu'à eux-mêmes. »

Nous pourrions joindre à ces extraits beaucoup d'autres aussi élogieux et aussi concluants : mais ce petit nombre permet de juger à quel haut degré sont honorés aujourd'hui, à l'étranger, la France et son souverain.

Nous avons donné plus haut *in extenso* la proclamation de l'empereur Napoléon III à ses troupes pour leur annoncer la paix et son retour en France. L'empereur François-Joseph, en remerciant ses soldats de leur fermeté et de leur fidélité, ne put s'empêcher de laisser percer l'amertume dont son âme était abreuvée : « Sans alliés, leur disait-il, je ne cède qu'aux circonstances malheureuses de la politique, en présence desquelles mon devoir était avant tout de ne plus verser inutilement le sang de mes soldats, de ne plus imposer de nouveaux sacrifices à mes peuples. » Les malheurs de l'Autriche n'inspireront qu'une faible commisération à l'Europe. Infidèle dans ses amitiés, ambitieuse et envahissante dans ses protections, elle fut certes le premier artisan de sa mauvaise fortune.

L'ordre du jour du roi de Sardaigne à ses soldats ne présente aucune importance historique. Mais il n'en est point de même de sa proclamation aux peuples de la Lombardie, affichée le 13 juillet dans les rues de Milan. Ce document, reproduit par la *Gazette Piémontaise*, disait :

« Le ciel a béni nos armes. Avec la puissante aide de notre magnanime et valeureux allié, l'empereur Napoléon III, nous sommes arrivés en peu de jours, de victoire en victoire, sur les rives du Mincio. Aujourd'hui je reviens parmi vous pour vous donner l'heureuse nouvelle que Dieu a exaucé mes vœux. L'armistice, suivi des préliminaires de la paix, a assuré aux peuples de la Lombardie leur indépendance. Selon le désir par vous tant de fois exprimé, vous formerez dorénavant, avec nos anciens États, une seule et libre famille. Je prendrai sous

ma direction votre sort, et, sûr de trouver en vous ce concours dont a besoin le chef d'un État pour créer une nouvelle
administration, je vous dis : « Peuples de la Lombardie, fiez-
vous à votre Roi; il pourra établir sur de solides et impéris-
sables bases, la félicité des nouvelles contrées que le ciel a
conférées à son gouvernement. »

Il existe, croyons-nous, un dicton italien :
« *Passato il pericolo, gabbato il Santo,* » dont
la traduction littérale est : « Péril passé, adieu
le saint. » Dieu nous préserve de supposer un
instant qu'une froideur passagère ait attiédi,
même un instant, les sentiments de haute
reconnaissance que le roi de Piémont et de
Lombardie professe pour son auguste allié :
mais on peut au moins se montrer étonné de
ce qu'à côté du ciel, qui préside aux destinées
des nations, ne figure point, dans les lignes
qui précèdent le nom de la vaillante armée
française, qui, sous la conduite de son souverain, fut l'instrument de Dieu dans la délivrance de la Lombardie.

L'Empereur, une fois les préliminaires de
la paix définitivement arrêtés, reprit le chemin de sa capitale. Le 13, Sa Majesté partit
de Desenzano par le chemin de fer, s'arrêta
un moment à Brescia pour visiter les hôpitaux,

et fit son entrée dans Milan le 14 à cinq heures de l'après-midi. Le nouveau roi de cette ville était à ses côtés, et il est impossible de dire qui fut le plus acclamé par les Milanais, nouveau-nés à la liberté, de celui qui avait donné un trône ou de celui qui l'avait reçu (1). Le roi Victor-Emmanuel reconduisit l'Empereur jusqu'à Suse. A Verceil, à Turin et sur tout le parcours de leur voyage, les populations venaient de plusieurs lieues à la ronde pour saluer le libérateur de l'Italie. Nous avons dit plus haut que l'Empereur avait visité les hôpitaux : voici deux épisodes de ces pieuses étapes consacrées par la sollicitude de Napoléon III aux braves de son armée. Ces épisodes donnent la mesure de l'aimable et paternelle bienveillance par laquelle Sa Majesté sait doubler ses bienfaits.

A l'hôpital de Milan, l'Empereur, vivement

(1) Les Milanais, qui avaient accueillis la nouvelle de la paix par des manifestations presque inconvenantes, sur-le-champ réprimées avec esprit et courage par le général Yvelin de Béville, aide de camp de l'Empereur et commandant militaire de Milan, lors de la publication des proclamations impériales, revinrent subitement à un ordre d'idées opposées. Ce peuple changeant est le type le plus accusé de la légèreté et de l'inconséquence italiennes.

intéressé par la belle figure d'un blessé, s'approcha de son chevet, l'interrogea sur sa blessure, puis il mit dans sa main une médaille. Mais cette main, qui avait si énergiquement manié le fusil, inerte maintenant, laissa glisser l'insigne, qui tomba à terre. L'Empereur se baissa alors et ramassa la médaille qu'il déposa près du cœur du pauvre mutilé. Le chirurgien, témoin de ce fait, ajoutait en le racontant, qu'il n'avait pu s'empêcher de songer à Charles-Quint ramassant le pinceau du Titien, et que son cœur s'était profondément ému à cet hommage rendu à l'armée par son chef suprême.

A la station de Verceil, S. M. aperçoit un zouave du 3e régiment appuyé sur un bâton : — Zouave, lui dit-Elle, vous êtes blessé ? — Oui, Sire. — A quelle bataille ? — Au combat de Palestro, Sire. — Quelle est votre blessure ? — A la cuisse, Sire ; et le soldat montrait les trous encore existants que les balles avaient faits à son pantalon. — Alors l'Empereur, détachant de sa poitrine la médaille militaire, la plaça sur celle du soldat en ajoutant : — Tenez, mon enfant, recevez cela en attendant mieux.

Cette action bien simple en elle-même : un souverain qui décore un soldat blessé : prend par ses détails une teinte patriarcale, c'est le père qui récompense ses enfants. Napoléon III, par l'amélioration du sort de la troupe, la création de la médaille militaire, l'augmentation des pensions de retraite, l'établissement des primes de réengagement et aussi par de plus humbles réformes, comme celles du changement de pain de distribution et de la contre-épaulette bleue en épaulette verte (1), s'était déjà attaché à tout jamais le cœur de ses soldats. Maintenant, il est leur idole, leur dieu : il a combattu et vaincu avec eux. Comme l'empereur Napoléon Ier, il est devenu l'âme et la tête de ses légions victorieuses.

Après la séparation des deux souverains, le convoi impérial prit une allure plus active. Il était naturel que le père et l'époux repris-

(1) Ça été une satisfaction énorme pour les militaires des compagnies du centre, tout en laissant aux compagnies d'élite des marques distinctives bien apparentes.

Il est bien entendu que nous passons sous silence les notables réformes qui sont venues modifier heureusement la position des officiers.

sent leurs droits après deux mois de si rudes
et si grands labeurs. Le dimanche 17 juillet,
à dix heures dix minutes, le wagon impérial
s'arrêtait à la grille d'Orléans du parc de
Saint-Cloud.

Ainsi, après une absence de soixante-sept
jours, pendant laquelle il avait délivré un
royaume de l'invasion étrangère, conquis la
Lombardie, gagné deux des plus meurtrières
batailles des temps modernes, conclu une paix
glorieuse pour la France et régénératrice
pour l'Italie, l'Empereur embrassait l'Impératrice et le prince Impérial. A midi Sa Majesté
entendait la messe dans la chapelle du château,
et à une heure elle recevait ses ministres.

En vertu d'un ordre impérial, l'armée d'I-
talie rentre en France et opère son mouvement d'évacuation avec une grande rapidité.

Les troupes doivent assister le 14 août à
une fête solennelle, donnée à Paris en leur
honneur.

Les corps dont la désignation suit ont reçu
l'ordre de quitter l'armée d'Italie :

Garde impériale : infanterie, cavalerie, artillerie et génie ;

5ᵉ, 8ᵉ, 10ᵉ, 11ᵉ, 17ᵉ et 19ᵉ bataillons de chasseurs à pied.

6ᵉ, 8ᵉ, 15ᵉ, 21ᵉ, 23ᵉ, 30ᵉ, 41ᵉ, 43ᵉ, 44ᵉ, 45ᵉ, 49ᵉ, 52ᵉ, 56ᵉ, 61ᵉ, 64ᵉ, 65, 70ᵉ, 71ᵉ, 72ᵉ, 73ᵉ, 74ᵉ, 84ᵉ, 85ᵉ, 86ᵉ, 88ᵉ, 90ᵉ, 91ᵉ, 98ᵉ et 100ᵉ régiments d'infanterie de ligne ;

2ᵉ régiments de zouaves ;

1ᵉʳ et 2ᵉ régiments étrangers ;

1ᵉʳ régiment provisoire de tirailleurs algériens ;

2ᵉ, 5ᵉ et 7ᵉ régiments de hussard ;

2ᵉ, 4ᵉ, 7ᵉ et 10ᵉ régiments de chasseurs à cheval ;

1ᵉʳ, 2ᵉ, 3ᵉ régiments de chasseurs d'Afrique.

Les batteries d'artillerie et les compagnies du génie attachées aux deux premières divisions de chacun des quatre premiers corps d'armée et celles qui font partie des réserves et des parcs.

Resteront provisoirement en Italie :

Les 14ᵉ, 15ᵉ et 18ᵉ bataillons de chasseurs à pied ;

2ᵉ, 11ᵉ, 14ᵉ, 18ᵉ, 26ᵉ, 33ᵉ, 34ᵉ, 37ᵉ, 46ᵉ, 53ᵉ, 55ᵉ, 59ᵉ, 75ᵉ, 76ᵉ, 78ᵉ, 80ᵉ, 82ᵉ, 89ᵉ, 93ᵉ et 99ᵉ de ligne ;

1er et 3e régiments de zouaves ;

6e et 8e régiments de hussards.

Les compagnies du génie et les batteries d'artillerie attachées aux 3es divisions des 1er 3e et 4e corps et aux divisions, parcs et réserves du 5e corps.

Tous ces corps, qui appartiennent aux divisions Bazaine, Bourbaki, de Failly, d'Autemarre et Ulhric, sont placés sous le commandement en chef du maréchal Vaillant, major général de l'armée d'Italie.

Bientôt cette magnifique armée sera dissoute ; ses beaux régiments, dispersés par la France, iront porter sa gloire dans toutes nos villes ; ses vaillants soldats retourneront s'asseoir au foyer de la chaumière ou reprendront le rabot et la navette. Mais tous les membres épars de cette héroïque famille se souviendront qu'ils faisaient partie de la nouvelle armée d'Italie, si digne de sa sœur aînée.

Nous le disions il y a trois mois (1) : « Pour eux, fatigues, privations, dangers, seront

---

(1) *L'Armée française en Italie*, par Jules Richard. — Dentu, 1859.

jeux d'enfant. On n'a pas besoin de leur dire :
Montrez-vous dignes fils de vos pères ; ils savent déjà, par expérience, qu'ils ne sont pas
des fils dégénérés. »

C'est avec un sentiment d'orgueil bien légi-
time que l'auteur cite ces paroles qui lui ont
été dictées, avant la lutte, par un patriotisme
ardent et par une admiration profonde pour
notre brave et incomparable armée.

IV.

Les plénipotentiaires français, autrichiens
et piémontais, au moment même où nous écri-
vons ces lignes, se réunissent à Zurich, pour
discuter et formuler un traité définitif sur les
bases des préliminaires de paix arrêtés à Villafranca.

Outre les questions de délimitation qui vont
y être débattus, on y fixera aussi le sort des
duchés de Parme, de Modène et de Toscane,
ainsi que l'économie et l'organisation de la
nouvelle Confédération italienne.

La France qui, dans la personne de son
souverain, représente en Europe le principe

du progrès par l'autorité et l'ordre, a fait pour
l'Italie tout ce que, dans l'état actuel, il était
permis de réaliser. Espérons qu'elle s'en mon-
trera digne.

La régénération d'une nationalité est une
œuvre difficile et, par cela même, lente et la-
borieuse.

Le sang de nos soldats a payé la rançon du
peuple lombard.

Il faut que cette rançon ne soit perdue ni
pour l'Italie, ni pour la France.

Ce peuple né d'hier pour la liberté, qui lui
a été donnée sans efforts et sans sacrifices de
sa part, doit la mériter par la patience, l'ab-
négation, et surtout une annexion franche
aux intérêts du Piémont, qui sont devenus
les siens propres et n'ont pas cessé d'être un
peu les nôtres.

Que des rivalités de clocher ne se substi-
tuent donc point maladroitement à la cause
nationale et générale.

Déjà, nous regrettons d'être forcé de le
dire, de graves dissentiments se sont élevés à
propos du choix de la capitale du nouveau
royaume. Milan et Turin perdent un temps

précieux à se disputer cet honneur. L'acharnement de la presse indigène, dans ce débat, prouve que l'orgueil des anciens États italiens n'est disposé à aucune concession.

Le sang des Guelfes et des Gibelins avive de nouveaux partis.

Aujourd'hui que M. de Cavour est rentré dans la vie privée, et que, délivré des soucis et des labeurs des affaires publiques, il peut ramener tous les actes de sa carrière politique à l'examen de sa propre conscience, il doit convenir, dans l'impartialité et la sévérité du silence et de l'inaction, que, s'il est un de ceux qui ont le plus fait pour l'indépendance italienne, c'est la principale cause de la brusque détermination de l'empereur Napoléon III à conclure la paix.

M. de Cavour a trop désiré, trop espéré, trop voulu. Et, en politique, il ne faut désirer, espérer et vouloir, que dans la limite de ses propres forces et de ses propres moyens. L'empereur Napoléon III est le protecteur de l'Italie, et, comme tel, il lui appartenait de diriger le mouvement italien, dont il était seul responsable devant l'Europe. M. de Ca-

vour, aveuglé par l'exclusivisme national, l'a
trop tôt oublié. Que son exemple serve de
leçon aux hommes d'État qui lui succèdent.

Il a aidé, par ses manœuvres prématurées,
à donner le droit de confondre le principe des
nationalités avec celui de la révolution.
Erreur fatale qui a déjà étouffé bien des
généreux efforts.

La révolution, aujourd'hui que nous pos-
sédons en France l'égalité civile et l'égalité
politique, représente, dans l'opinion de certaines gens, un ordre d'idées utopiques et
sanguinaires qui n'ont plus leur raison d'être.
Tandis qu'au contraire, la révolution ne de-
vrait être pour tous que ce qu'elle est pour les
intelligents ; le Progrès ! Et le Progrès, c'est
l'ordre dans l'autorité.

Les nationalités éteintes qui tendent à se
reconstituer, cherchent toutes un appui dans
la démagogie qui effraie et les ramène, en peu
de jours, à l'autocratie.

Un peuple dépendant se figure qu'avec un
drapeau sur lequel on écrit : Nation et Li
berté , avec de la poudre et des balles, on
s'élève au rang des nations.

La Pologne et la Hongrie sont là pour leur donner un démenti.

Pour redevenir peuple, après avoir été rayé de la carte, il faut des institutions, des principes et un gouvernement.

Napoléon III a donné l'indépendance à l'Italie.

Il lui appartient maintenant de trouver en elle-même, ces institutions, ce principe, ce gouvernement. Elle fait son histoire.

Nous avons, dans le courant de ce récit, bien court pour les événements considérables auxquels il est consacré, fait ressortir l'action incessante du génie organisateur de l'empereur Napoléon III, donnant à la Péninsule une impulsion nette et uniforme. L'œuvre est en chantier, il faut la continuer. Cette prévoyance active, qui a déjà préservé l'Italie de nombreux malheurs, devient l'héritage du roi Victor-Emmanuel. Et le devoir du roi de Piémont et de Lombardie est, désormais, de concentrer tous ses efforts pour que la main puissante de l'empereur Napoléon III protége toujours sa jeune couronne, dont les fleurons ne sont pas fortement soudés.

Dans son rude cœur militaire, nous savons qu'il puisera toujours l'énergie du champ de bataille : mais l'œuvre du guerrier est finie, celle du législateur commence.

Le soldat de Novare et de Palestro doit laisser de côté son épée pour organiser le peuple de la terre le plus difficile à gouverner.

Un peuple dont l'esprit est en contre-sens perpétuel avec la logique de ses intérêts, dont la mobilité politique, extrême en tout, obéit sans cesse aux événements de la minute. Oublieux et souvent ingrats, les Lombards, vains et légers n'ont même pas, pour racheter leurs défauts, le tempérament discipliné et militaire des Piémontais. Plus aristocrates que libéraux, plus discoureurs que patriotes, ce qu'ils détestaient dans le régime autrichien, c'était l'occupation et non l'autorité autrichienne. Ils reprochent aux Piémontais d'être moins nobles qu'eux et oublient que le sang piémontais a coulé seul pour l'Indépendance.

Brescia, du reste, vaut mieux que Milan, où tout le monde est avocat. Dans cette dernière ville, on parle beaucoup, on crie fort ; mais on pense peu et l'on n'agit point. Quant aux campagnes, il est au moins inutile d'en parler ; la sympathie du paysan italien est acquise à l'avance au pouvoir idéal qui ne lui demandera point d'impôts. Et il ne détestait pas les Autrichiens qui lui en faisaient payer de fort minimes.

L'avenir de la Lombardie est dans la discipline militaire, qui a déjà sauvé le Piémont. Ce peuple doit faire taire ses appétences discoureuses et parlementaires, et revêtir la casaque du soldat. Mais son caractère s'y résoudra-t-il? C'est encore un problème.

Nous croyons donc que la tâche imposée au roi de Piémont est suffisante pour que son nom reste impérissable, s'il la mène à bien.

Que ses yeux ne dépassent point sa nouvelle frontière et que son cœur, ferme dans ses alliances et ses affections, demande à la France un concours sérieux en échange d'une amitié désintéressée. Elle ne le lui refusera point.

La campagne de 1859, en dehors de ses résultats italiens, aura certainement une influence civilisatrice sur la destinée des peuples de l'Autriche.

Au système vermoulu et moisi que les journaux anglais plaisantent sans ménagements
depuis les journées de Magenta et de Solferino, l'empereur François-Joseph veut, dit-on,
faire succéder une administration progressive
et jeune.

L'armée, dans laquelle la maison de Hapsbourg avait placé toute sa confiance, l'armée,
qu'elle considérait comme un *Palladium*, si
elle n'a point perdu son prestige aux yeux de
ses vainqueurs, qui savent ce que leur a coûté
la victoire, rentre vaincue après avoir perdu
une riche province. La configuration géogra-
phique de l'empire, les traités, le pacte européen, ne lui laissent point la triste ressource
de prendre une glorieuse revanche et de rétablir le crédit de sa réputation passée. C'est
par les réformes civiles que François-Joseph
ranimera l'amour de ses peuples. Aux défaites
de l'Italie vont succéder les victoires de l'intérieur et, là encore, se fera sentir ce travail
bienfaisant et civilisateur que porte partout
avec elle l'influence française.

Un autre travail caractéristique et singulier,
qui tamise, latent et presque inconnu, à tra-

vers la toile diplomatique tendue sur l'Europe, a, pendant ces derniers mois, fait des progrès rapides et qu'il faut ici constater. Nous voulons parler de la prépondérance politique de l'empereur Napoléon III et du nom français.

Les yeux anxieusement fixés sur nous, l'Angleterre, cette éternelle jalouse de la domination universelle, l'Angleterre, qui se doutait déjà par la campagne de Crimée de ce dont nous étions capables, a vu qu'en vingt jours nous mobilisions aisément cent cinquante mille hommes. Elle a vu Napoléon III, législateur hier, se placer en une campagne à la tête des capitaines de son temps, et elle a confessé son infériorité. Dans ses craintes d'une invasion, il ne faut voir que ce qui existe réellement : une machine gouvernementale et une évolution d'opinion publique. C'est la traduction populaire de ce besoin reconnu par ses hommes d'État de ne pas se laisser primer par nous. L'Angleterre ne craint pas que nous l'attaquions, elle craint que nous la dominions de toute la supériorité de notre esprit militaire et de notre politique généreuse.

C'est le moi anglais qui se révèle.

La Prusse, par son attitude expectante, a voulu nous donner un gage de son profond désir de n'avoir jamais à se mesurer avec nous. Correcte et précise dans ses desseins, cette puissance, que sa volonté seule a faite une des premières de l'Europe, a toujours manœuvré pour n'être pas forcée d'intervenir. Elle a usé du pacte fédéral avec une prudente habileté et, si elle ne s'est créé aucune amitié par ses allures, elle a tout fait pour ne pas s'avancer inconsidérément. La Prusse respecte la France.

La Russie a observé une neutralité presque cordiale. Notre ancienne adversaire de Sébastopol nous estime.

Vainqueurs, craints, respectés et estimés, tels nous sommes aujourd'hui au milieu des quatre grandes puissances collatérales.

L'Italie et la Turquie, puissances secondaires, nous doivent de la reconnaissance.

L'empereur Napoléon III est le premier souverain de l'Europe, et la France, qu'il a prise déchue et amoindrie à l'extérieur, il l'a rendue grande et dominatrice.

A l'intérieur, il a activé et utilisé le feu de

notre intelligente industrie. Par ses soins, le réseau des chemins de fer a été terminé ; notre commerce voit deux nouvelles villes, Saint-Nazaire et Marseille-la-Neuve, ouvrir des têtes de débouchés à l'exportation. Paris sort plus grand et plus magnifique de son ancienne enceinte.

L'ordre et le respect de l'autorité deviennent les premières de nos vertus politiques.

La noble et gracieuse compagne qui partage, avec Napoléon III, le trône de l'Empire, vient d'éprouver, pendant les deux mois de sa ferme et sage régence, combien les Français aiment la dynastie impériale. Le jeune prince qu'elle a donné à la France, et qui régnera sur elle, la trouvera à la tête du monde et de la civilisation. Car l'Empereur l'a dit : « On n'est grand aujourd'hui que par l'influence morale et non par des conquêtes stériles. »

Si le temps des guerres de conquête est passé, Sa Majesté a inauguré l'ère des guerres d'influence et de civilisation.

La foi qui l'anime a passé par toutes les veines de la nation. Nous avons conscience de notre qualité de Français ; supérieurs par le génie industriel et le génie militaire, nous resterons les premiers du monde, ouvriers et soldats, comme nos ancêtres, les parrains de la Révolution et du premier Empire.

Et la France, restaurant une formule ancienne, dont l'éloquence sans emphase salua le général Bonaparte à son retour d'Italie, peut s'écrier dans un sublime élan :

« L'armée et l'Empereur ont bien mérité de la patrie. »

FIN.

www.ingramcontent.com/pod-product-compliance
Lightning Source LLC
Chambersburg PA
CBHW072238270326
41930CB00010B/2177